AF336676

FACULTÉ DE DROIT DE PARIS

DROIT ROMAIN

DE LA PERSONNALITÉ DES MUNICIPES

DROIT FRANÇAIS

DE LA RESPONSABILITÉ DES COMMUNES

ET DE CELLE

DES FONCTIONNAIRES MUNICIPAUX

THÈSE POUR LE DOCTORAT

PAR

Jean ROGUIN

Avocat

VALENCIENNES

IMPRIMERIE G. HOLLANDE ET Cⁱᵉ, RUE DES ANGES, 29

THÈSE

POUR LE DOCTORAT

DROIT ROMAIN
DE LA PERSONNALITÉ DES MUNICIPES

DROIT FRANÇAIS
DE LA RESPONSABILITÉ DES COMMUNES

ET DE CELLE

DES FONCTIONNAIRES MUNICIPAUX

THÈSE POUR LE DOCTORAT

SOUTENUE

le Jeudi 26 Novembre 1891, à deux heures et demie

PAR

Jean ROGUIN

Avocat

Président : M. Ducrocq.

Suffragants : Esmein, *professeur,*
Girard, *agrégé.*
Sauzet, »

VALENCIENNES
IMPRIMERIE G. HOLLANDE ET Cie, RUE DES ANGES, 29

1891

A mon Père

et

à ma Mère

DROIT ROMAIN

DE LA PERSONNALITÉ CIVILE

DES MUNICIPES

INTRODUCTION

Sans entrer dans de longs détails sur l'organisation des municipes romains — ce qui dépasserait considérablement le cadre de cette étude, — il est intéressant d'en retracer sommairement la genèse, avant d'examiner les diverses phases de leur vie civile.

A l'origine, tous forment des cités, ordinairement aussi indépendantes et souvent plus anciennes que Rome ; longtemps avant de devenir la maîtresse du monde, elle-même n'avait été qu'une cité ; seulement, à peine venait-elle d'être fondée, que déjà la peuplade qui l'habitait cherchait à satisfaire sa soif des conquêtes. Elle forma d'abord une sorte de ligue, la fédération latine, avec les tribus voisines, auxquelles elle sut imposer son alliance ; mais bientôt elle pratiqua l'annexion pure et simple : au fur et à mesure qu'elle sentait sa force, il lui fallait une suzeraineté plus étroite, et elle inaugura cette politique de colonisation qui devait, en si peu de temps, la rendre si puissante.

Rome devint alors un État, autour duquel gravitèrent
une infinité de cités. En réalité, elle est bien la cité
capitale de cet État, mais elle en est aussi le siège, et
s'identifie avec lui, en lui prêtant sa propre constitution. Du même coup, elle cessa d'avoir une existence
propre, indépendante : la puissance politique absorba
la vie municipale, et lorsque, sous la dictature, puis
sous l'empire, le pouvoir se trouva concentré sur une
seule tête, Rome avait cessé depuis longtemps d'être
une commune, dans le sens juridique du mot.

Ses libertés s'évanouirent dans cette évolution ; c'est
là, du reste, un fait qui s'est souvent répété dans l'histoire : à mesure que la centralisation augmente, les
prérogatives de la capitale, de la ville où siègent les
organes de l'État, diminuent, et elle est soumise à un
régime spécial ou hors du droit commun. A Rome, la
politique des premiers empereurs ne fut pas étrangère
à ce recul. Il semble, en effet, qu'il y eut chez eux cette
préoccupation constante de développer la vie locale
dans les provinces au détriment de Rome, et, pendant
qu'ici ils cherchaient à éteindre toute liberté, de com-
bler les cités d'institutions libérales, en développant
leur autonomie. Prémédité ou non, le résultat fut d'y
maintenir l'activité des citoyens influents et riches, et
de détourner leur attention, au moment où ceux qui
exerçaient le pouvoir étouffaient la vie publique, et
suivaient, sans rencontrer aucun frein, la politique
tyrannique de leur bon plaisir.

Aussi Rome était en pleine décadence, en tant que
ville, au moment où les municipes entraient à peine
dans leur ère de splendeur et de prospérité.

Sous la République, le Peuple Romain avait pratiqué,

à l'égard des cités qu'il soumettait à sa domination, trois traitements différents. Tantôt, il y établissait une colonie : il y expédiait alors un certain nombre de citoyens, dont il voulait se débarrasser, et leur imposait une constitution calquée sur la sienne. Tantôt, mais plus rarement, il se contentait d'envoyer dans les villes vaincues des préfets, choisis parmi les principaux citoyens, et entre les mains desquels il remettait toute l'administration municipale. Tantôt enfin, le peuple vaincu ou annexé, gardait pour ses affaires intérieures, une entière indépendance ; il recevait le droit de cité, avec ou sans le droit de suffrage, suivant les cas, et nommait en toute liberté ses magistrats et ses fonctionnaires locaux ; c'était alors un municipe.

La guerre sociale (90-89 av. J.-C.), qui eut pour but et pour conséquence l'admission des habitants de l'Italie au droit de cité, eut son contre-coup sur le régime municipal, où de profondes modifications furent introduites, un an avant la mort de Jules César, par la loi *Julia municipalis,* votée en 45 avant J.-C. (an de R. 709).

Cette loi, souvent appelée *Table d'Héraclée,* n'est pas autre chose qu'une sorte de charte générale, à laquelle doivent être soumises désormais toutes les villes qui recevront le droit de cité. Comme le dit Ch. Giraud, elle a eu pour objet, « non de faire une révolution brusque dans les habitudes italiques, mais de régler seulement les rapports actuels des municipes avec la suzeraineté romaine, et de préparer pour l'avenir une organisation similaire de chacun d'eux » (1).

(1) Ch. Giraud, Les Bronzes d'Ossuna. Remarques nouvelles

La constitution des municipes et des colonies s'identifiait. Quant aux préfectures, dont la condition semble avoir été purement temporaire, le peu qu'il en restait à cette époque subit une transformation analogue.

Ce fut un progrès considérable vers l'unification dans l'organisation municipale. Cette tendance s'accentua au commencement de la période impériale, et sous Caracalla, qui, dans un but fiscal, accorda le droit de cité à tous les habitants de l'empire, la réforme se trouva consommée. Il ne subsista plus, dans l'organisation et la constitution des cités, que des différences inappréciables, maintenues par des lois spéciales à chacune d'elles.

Presque toutes prirent alors le nom de *municipium* qui présentait une sorte de supériorité honorifique, en caractérisant le sort le plus favorable qui pût être fait à une cité, et perpétuait le souvenir d'une autonomie plus longtemps conservée. « La jurisprudence des derniers temps de la République, dit Mommsen, exprime collectivement l'idée nouvelle de la cité de citoyens en rassemblant la cité entrée par un acte d'autonomie dans le corps des citoyens, celle fondée par Rome et celle gratifiée par Rome d'un statut municipal » (1).

Dès cette époque, les municipes prirent une importance et un développement considérables. Il faut dire que c'est la seule division administrative, qui ait été organisée avec art par les Romains, et qu'une foule d'agglomérations moins importantes, au lieu de recevoir une organisation municipale régulière, leur furent simplement rattachées : *reipublicæ respondent*. (30 D.

(1) Mommsen, Droit public Romain, t. VI, 2ᵉ Partie, p. 446

ad mun. L. 1.) Tels sont les *fora* ou *conciliabula*, centres de marché moins importants que la *civitas*, et qui, d'après certains jurisconsultes, n'auraient eu qu'une curie ; tels sont encore les *vici*, les *castella* et les *pagi*, simples villages dont l'organisation était également sommaire, à l'exemple de nos sections de communes. Mais cela donne au régime municipal romain, selon la remarque de M. Esmein (1), un caractère essentiellement urbain : chaque ville formait une vaste circonscription, et les campagnes étaient absolument sacrifiées.

D'ailleurs les cités n'ont jamais consisté en de pures agglomérations d'habitants, administrés par des fonctionnaires déterminés. A toute époque, elles ont été des communautés de personnes, intimement unies par des liens d'intérêts ; et c'est à cause de ces intérêts qu'avec le temps, la jurisprudence fut amenée à idéaliser cette communauté, et à la séparer des individus qui la composent, pour la revêtir d'une existence propre.

Il y a là une fiction qui, précisément, constitue ce qu'on appelle la personnalité civile. Mais la jurisprudence l'a plutôt constatée qu'elle ne l'a créée, si bien que cette idée semble, pour ainsi dire, émanée d'une génération spontanée. Quand les familles se sont formées en groupes, elles pratiquaient une même religion ; à cause de cela, certains biens ont dù nécessairement échapper aux partages qui furent faits, pour rester la propriété indivise de l'agglomération tout entière. Dès cet instant, la personnalité exista tout au

(1) Nouvelle Revue historique du Droit, année 1883, p. 687.

moins en germe ; car ce n'est que plus tard qu'elle se développa. Il fallut pour cela que se fît sentir la nécessité d'accroître ces biens, de contracter, d'agir en justice à l'occasion de ces mêmes biens.

Ce développement se fera lentement, constamment arrêté qu'il va être par les vieux principes formalistes qui furent la base même du Droit Romain. Mais il est remarquable que, si l'idée de la personnalité prit tout son essor, cela fut beaucoup plus dans l'intérêt des cités, que dans celui de l'État. C'était assez naturel : sans doute, l'État et la cité ont également besoin de posséder et d'acquérir des biens, sur lesquels les individus ne pourront point exercer le droit de propriété ; mais l'État ne relevait alors d'aucun tribunal, et les droits litigieux relatifs à son domaine pouvaient être réglés administrativement, en vertu de sa souveraineté, ou au moins de l'idée qu'on s'en faisait, tandis que, pour les cités leur condition de dépendance les rendait justiciables des tribunaux (1).

C'est ce développement que nous allons exposer, en passant en revue les diverses applications de cette fiction de la personnalité civile. Nous nous placerons surtout dans la période de splendeur des municipes, période qui commence avec la loi *Julia municipalis*, mais qui ne va pas au-delà du IIIe siècle de notre ère.

A cette époque, le régime municipal romain était essentiellement libéral ; l'autonomie dont jouissaient les cités était si grande qu'il se passa bien du temps avant qu'on ne songeât à les entourer de cette tutelle administrative, qui protège aujourd'hui, bien lourde-

____

(1) Savigny, Système du Droit Romain, t. II, p. 241.

ment quelquefois, les communes et les établissements publics. C'est à peine si on reconnaissait aux gouverneurs le droit d'exercer sur les actes civils intéressant les cités, une haute et discrète surveillance; et on chercherait vainement, dans la *lex Malacitana* et dans la *lex Genetiva,* les traces d'un contrôle ou d'une sanction effective de la part de l'empereur ou de ses représentants. Ce serait cependant une erreur de croire qu'il ait existé là une lacune. Cette absence de protection trouvait au moins un équivalent dans l'étroite responsabilité qui pesait sur les magistrats du municipe, et dans l'ensemble des garanties qui venaient l'étayer.

Cependant, il n'en fut pas toujours ainsi : des textes prouvent que dans certaines hypothèses spéciales, l'intervention du pouvoir central ou de ses représentants fut prescrite; mais il n'y eut jamais de règles générales et précises pour en déterminer les limites ou les conditions, et on peut croire que cela dût paraître une réforme bien hardie.

Cette intervention fut particulièrement requise toutes les fois que les fonds du municipe étaient en jeu. Ainsi, la loi 3 § 1 D. L. 10, défend de faire de nouveaux travaux sans l'autorisation de l'empereur, ou tout au moins de ses représentants; et les lois 6 eod. tit., et 9 § 4 D. I. 8, formulent la même interdiction pour les travaux de défense. D'après la loi 33 pr. D. XXII, 1, le *præses provinciæ* doit contrôler la solvabilité des débiteurs du municipe et prendre les mesures qu'exige sa sécurité; et Ulpien lui adresse, à ce propos, les plus sages recommandations, en insistant sur la discrétion et la modération avec lesquelles il doit accomplir cette mission. Enfin, en matière de transaction, un

rescrit de Valérien (12 C. De transac., II, 4) décide
que tout contrat de ce genre, intervenu entre une cité
et un particulier, doit être examiné par le gouverneur
de la province; celui-ci recherchera si la transaction a
eu lieu sur une question réellement douteuse, ou sur un
droit incontestable de la cité, et, dans ce dernier cas,
il empêchera le préjudice de se produire.

A Constantinople, l'empereur exerçait une surveillance directe sur l'administration de la ville, et son
intervention dut se faire sentir avec plus de rigueur
qu'en province. Une constitution de l'empereur Léon,
sur laquelle nous aurons à revenir, en fait foi : quand
un bien communal devait être vendu, l'autorisation
impériale était nécessaire à Constantinople, tandis
qu'en province on se contentait de l'approbation d'une
l'assemblée composée des decurions et des *possessores*.
(3. c. De vend. reb. XI. 31).

CHAPITRE Ier

Représentation des Municipes

« C'est un des plus anciens principes du Droit Romain, et ce fut longtemps l'un des plus absolus, que jamais un acte juridique ne peut être réputé l'œuvre de personnes qui n'y ont pas figuré, ni par conséquent produire des effets à leur égard. En d'autres termes, les Romains n'admettent pas la représentation dans le sens moderne du mot. » (1)

Ce principe fondamental, et dont on retrouve à chaque pas des applications, est-il purement arbitraire? Les interprètes du Droit Romain se sont, à diverses époques, posé la question ; ils ont voulu chercher une base juridique à la règle de la non-représentation, mais ils se sont heurtés contre un problème obscur et difficile à résoudre.

Ihéring est de ceux qui ont cru en découvrir la solution : « Tout acte, dit-il, veut une action unique ; » dès que les conditions légales de l'acte juridique sont réunies, l'acte existe : il se manifeste dans ses effets, et il ne peut exister de vide, d'intervalle entre l'acte juridique et la naissance du droit, pas plus qu'on ne peut disjoindre la cause et ses effets. Ihéring déclare ensuite que « la règle du droit ancien sur l'inadmis-

(1) Accarias. Précis de Droit Romain, t. II, n° 636.

sibilité de la représentation se trouve en harmonie parfaite avec cette indivisibilité de l'acte juridique. » (1)

Il est impossible de saisir dans cette idée autre chose
qu'un rapprochement déduit ou un fait constaté; elle
ne demande donc pas de discussion.

Un autre jurisconsulte allemand, Schlossmann,
professeur à l'Université de Bonn, trouve dans la règle
qui écarte la représentation, une des garanties fondamentales assurées par le Droit public Romain, avide
d'empêcher que des hommes libres soient placés dans
une situation analogue à celle des esclaves, et que des
faibles, comme les débiteurs ou les affranchis, ne deviennent les instruments forcés des acquisitions de
leurs créanciers ou de leurs patrons (2).

Il faut repousser ce système; car, en admettant qu'il
ait existé dans la pensée des premiers législateurs
romains, un tel péril eût été bien imaginaire; mais ils
ne l'ont pas dû prévoir: des exceptions fort graves
furent de bonne heure apportées, en matière de possession surtout, au principe originaire; et rien ne
laisse supposer qu'elles aient paru menaçantes pour
ces droits qu'il aurait eu pour but de sauvegarder.
Nous ne pouvons appuyer sur une base aussi chan-
celante, le principe qui nous arrête.

Le problème se posait fatalement pour Th. Huc, qui
assuma la tâche fort pénible d'absoudre le Droit
Romain de l'accusation d'être formaliste. Ce jurisconsulte estime qu'il n'y avait aucune difficulté à

(1) R. Von Ihéring. L'esprit du Droit Romain, traduction de M. O de
Meulenaere, t. IV, pages 148 et 170.

(2) Fourcade. Thèse du Droit Romain sur l'acquisition de la possession per extraneam personam. Chap. Ier

admettre la représentation dans les acquisitions du droit des gens, mais que son introduction dans celles du pur droit civil eût soulevé de graves dangers : en effet, dans l'*in jure cessio,* comme dans la mancipation, l'acquéreur n'eût pas été suffisamment garanti contre les réclamations d'un propriétaire, qui soutiendrait n'avoir pas donné mandat, et il planerait toujours une incertitude sur la régularité du transfert de la propriété (1).

Ce système est trop incomplet pour nous suffire.

Nous concevons, à la rigueur, que cette incertitude sur la régularité du transfert ait pu tourmenter un acquéreur à qui une chose aurait été mancipée par un mandataire ; mais il est rare qu'il ne soit pas absolument indifférent à l'aliénateur de s'adresser à un représentant, plutôt qu'au véritable intéressé. Or, M. Huc, ne dit pas pourquoi l'acquisition par représentation ne fût point permise. D'ailleurs le danger qu'il entrevoit dans l'autre hypothèse, est ici, absolument chimérique, puisque on admit sans difficulté l'acquisition par une personne en puissance, bien que cette qualité n'apparaisse pas toujours avec évidence. Ajoutons qu'il y eut une période de temps où la représentation ne fut même pas possible dans les acquisitions de droit des gens ; et M. Huc ne paraît pas s'en être souvenu, tout au moins n'en a-t-il pas cherché la raison.

D'autres explications ont été données, mais sans plus de succès que celles que nous venons de repousser ; aussi nous ne nous arrêterons pas plus longtemps sur

(1) Th. Huc. Du formalisme Romain. Premier chapitre : Théorie des réels, § 7.

cette question, qui reste incertaine et menace de l'être indéfiniment. Le principe de la non représentation est une de ces règles primitives et fondamentales qui ont été les premières formules du Droit Romain. Dans le nuage qui entoure ses origines, il n'est pas aisé de découvrir la raison qui les dicta. Il est probable qu'elles ont eu souvent pour point de départ les pratiques mêmes de la religion. Peut-être y trouvera-t-on, un jour, la véritable origine de la règle dont il s'agit ici; en attendant, ce qui est indiscutable, c'est qu'elle existe depuis un temps immémorial, et que, après s'être transmise de génération en génération, elle ne sera jamais formellement abrogée, même quand les progrès du droit et de la jurisprudence l'auront, en restreignant sa sphère d'application, réduite à lettre morte.

Ainsi, personne ne peut acquérir, ni consentir, ni agir en justice par l'intermédiaire d'autrui, pas plus les cités et les autres *universitates,* que les personnes naturelles.

Ce n'est cependant pas une raison pour nier, ainsi que l'a fait Mommsen, la personnalité civile des *universitates.* « *Persona enim esse non potest sine commercio, id est acquirendi obligandique potestate; quæ inanis est sublata vindicatione et condictione.* » (1)

Nous exposerons ailleurs ce qu'il faut penser sur les actions des cités ; en ce qui concerne leur personnalité, ce système est inadmissible et la faiblesse de son argumentation nous paraît évidente. Le *commercium* n'est point un des éléments de la personnalité, mais seule-

(1) Mommsen : De collegiis et sodaliciis Romanorum, p. 37.

ment de la qualité de citoyen romain ; or, ce sont là deux idées qui n'ont rien de commun. De plus, les cités ne sont pas les seules personnes qui n'auraient que ce *commercium* imparfait, le droit d'acquérir et celui de s'obliger sans l'aptitude de les exercer ou de les faire valoir en justice : niera-t-on la personnalité du fou et celle de l'*infans?* c'est pourtant la conclusion qui s'impose, si on accepte le raisonnement de Mommsen, puisqu'ils sont l'un et l'autre incapables d'agir en justice, et qu'eux non plus ne peuvent pas être représentés. Cela prouve encore que la personnalité et la représentation ne sont pas deux idées tellement connexes, que la première ne puisse exister, même à l'état de fiction, sans que l'autre ne soit là pour lui servir d'appui.

Au contraire, la personnalité civile apparaît comme étant essentielle dans la condition des cités, indispensable non seulement à son administration, mais même à son existence ; nous ne saurions point concevoir une ville, une commune, sans cet attribut, à cause de ses intérêts, qui ne sont point ceux de chacun de ses habitants. Les textes du Digeste montrent que le Droit Romain l'a toujours reconnu aux municipes (1): « *Personæ vice fungitur,* » dit Florentinus en citant le *municipium* (22 D. De fidej. XLVI, 1); et Gaius, qui en fait le type de l'*universitas,* ajoute : « *Quibus..... proprium est, ad exemplum reipublicæ habere res communes, arcam communem, et actorem sive syndicum.....* (1 § 1 D. Quod cujusc. univ. III, 4). » On ne voit même pas qu'il ait fallu, pour donner l'existence

_____
(1) Dig. Quod cujusc. univ. III, 4. — Ulpien. Reg. 22 § 5.

civile aux cités, une autorisation expresse du pouvoir, comme cela fut nécessaire pour les autres *universitates*.

Il ne faut pas, du reste, perdre de vue que les Romains, aveuglés par leur formalisme étroit et rigoureux, ont mis un temps considérable à se rendre compte de la fécondité de cette fiction ; et ce serait encore une erreur de croire qu'elle ait été admise de toutes pièces, qu'elle ait été brusquement introduite dans la législation avec tout son cortège de droits et d'obligations. Sortie d'un germe à peine saisissable, la personnalité civile est le produit d'une évolution très lente : par des conquêtes successives, elle étend peu à peu son domaine, si bien qu'à un moment donné, on arrive à reconnaître aux personnes morales à peu près les mêmes droits qu'aux personnes physiques.

Les cités sont donc des personnes morales, mais, en cette qualité, elles sont frappées d'une incapacité qui tient à leur nature générale et constante. « Toute personne juridique, dit Savigny, est de sa nature perpétuellement incapable d'agir, car tout acte suppose l'exercice de la pensée et de la volonté humaine, ce qui ne saurait exister chez un être purement fictif, tel que la personne juridique » (1).

A ce défaut de capacité, le remède est aujourd'hui bien simple : pour ces personnes comme pour les mineurs, c'est la représentation, qui permet à un représentant, légal ou conventionnel, d'accomplir aux lieu et place du représenté tous les actes de la vie civile avec les mêmes effets que s'ils avaient été accomplis par le représenté. Si utile que nous paraisse cette institution,

_____

(1) De Savigny. Traité de Droit Romain, t. II, § 6, XII in fine.

elle ne fut jamais consacrée d'une façon positive par le Droit Romain. Cependant, à l'époque des jurisconsultes, le préteur et la jurisprudence étaient arrivés à un résultat presque équivalent par des restrictions apportées successivement au principe de la non représentation.

En revanche il y a un autre principe qui a toujours été admis, en Droit Romain, c'est la représentation par les personnes en puissance : un *paterfamilias* pouvait devenir propriétaire ou créancier par l'intermédiaire de son esclave, ce dernier eût-il fait usage des formes rigoureuses du *jus civile,* de la mancipation ou de la stipulation ; il le devenait même nécessairement, malgré toute volonté contraire exprimée par lui ou par l'esclave.

L'application de cette règle aux cités est expressément faite par un texte d'Ulpien pour la stipulation : « *Si servus reipublicæ, vel municipii, vel coloniæ stipuletur : puto valere stipulationem;* » (3 D. De stipul. serv. XLV. 3) et on ne saurait contester qu'il faille en dire autant de la mancipation. Cette règle d'Ulpien était essentiellement pratique; et de même que pour les *infantes,* ce procédé devait être fréquemment usité pour rendre les cités créancières (1).

Il reste bien la difficulté de savoir comment elles ont acquis leur premier esclave ; mais c'est là une question dont la solution risque de se faire longtemps attendre, et que d'ailleurs l'archéologie pourrait seule nous donner (2). Nous nous bornerons de constater

______

(1) Cf. l. 10. D. Quod cujuse univ. III, 4.

(2) D'après Savigny, on ne trouve que l'usucapion ; encore faut-il admettre que la pratique ait reconnu de tout temps aux cités le droit de posséder. (Savigny. Traité de Droit Romain. t. II, p. 286.)

qu'un grand nombre de textes rendent indiscutable le droit pour les cités d'avoir des esclaves en pleine propriété, et comme ce droit n'a jamais l'objet d'une controverse, on peut en conclure que les municipes, s'ils ne l'ont pas toujours eu, le tiennent au moins depuis bien longtemps (1).

Cette représentation des cités par leurs esclaves ne pouvait s'appliquer qu'à des acquisitions : un esclave trouvait dans la personnalité de son maître une capacité suffisante pour augmenter le patrimoine de ce dernier, mais pas pour le diminuer. Un décret de la curie, un ordre du magistrat eussent été impuissants à lui conférer ce pouvoir : si, dans ces conditions, l'esclave avait consenti une promesse ou une aliénation, le créancier avait bien l'action ordinaire du contrat, mais revêtue d'une forme particulière, qui était l'action *quod jussu* (2), à condition que l'esclave fût demeuré dans les termes du *jussum*. Il est superflu d'ajouter qu'incapable de figurer en justice, l'esclave ne saurait y représenter la cité.

Telles sont les étroites limites où la représentation fut longtemps resserrée. Est-à dire que la jurisprudence en ait été embarrassée et l'administration des cités entravée ? Nullement, et la pratique n'a pas dû se laisser arrêter par les difficultés qu'on soupçonne, car, si on s'en tenait aux principes rigoureux, il serait impossible d'expliquer l'acquisition d'un droit quelconque au profit d'un municipe. Mais le Droit Romain excelle à découvrir des voies détournées, et à

____

(1) Cf. 3 D. XLV. 3. — 3. D. XL. 3. — 6. § 1. D. I. 8. — 10. § 4. D II i . — Code VIII. 9. — 1. § 7. D. XLVIII. 18.

(2) Cf. 4 D. Quod jussu XV. 4.

les suivre jusqu'à ce qu'il arrive au but, qu'un moyen direct lui eut fait atteindre avec beaucoup moins de difficulté. Il est facile de saisir ici cette tendance de son esprit subtil.

En effet, de tout temps, les magistrats ont eu pour mission d'administrer les biens du municipe, de les donner à bail, ou de placer ses capitaux ; des achats et des ventes de blé se faisaient par les édiles pour ce même municipe : peut-on croire qu'il n'ait pas profité de tous ces actes juridiques? Vraisemblablement, les magistrats, administrateurs de la cité, contractaient et agissaient en leur nom personnel ; les droits se fixaient alors sur leur tête. Cette situation ne pouvait pas présenter de grands inconvénients, à cause de l'obligation dont ils étaient tenus de rendre leurs comptes au sortir de charge. Nous verrons bientôt les garanties puissantes qui avaient été attachées à l'exécution de cette obligation, en dehors d'autres moyens extraordinaires, prévus et organisés par les lois administratives et qui achevaient de la sanctionner et de la fortifier.

Si telle fut, à l'origine, la marche qui fut suivie, on conçoit facilement combien elle a dû paraître avec le temps insuffisante et incommode. Le développement des transactions faisait sentir le besoin d'une procédure plus simple, aussi des tempéraments considérables furent apportés aux principes en vigueur.

Deux textes (1 § 22 et 2 D. De adquir. vel. amitt. pos. XLI. 2) nous le montreront en matière de possession.

Pour posséder, il faut avoir le *corpus* et *l'animus*, la détention matérielle de la chose, et la volonté d'agir sur elle en qualité de propriétaire. Incapables de remplir ces conditions, les cités ne pouvaient devenir *possessores* par elles mêmes (1. § 22). Nerva admettait bien qu'elles pouvaient posséder par l'intermédiaire de leurs esclaves, mais son opinion était repoussée par d'autres jurisconsultes, qui objectaient que la cité ne possède pas les esclaves. D'ailleurs, l'intermédiaire d'une personne libre était impraticable, car nul ne peut posséder *animo alieno*.

Toute différente est la règle formulée par Ulpien· dans la loi 2 : *Sed hoc jure utimur, ut et possidere, et usucapere municipes possint : idque eis et per servum, et per liberam personam adquiritur.*

Ce texte a une portée double : d'abord, en ce qui concerne la possession, les cités pourront l'acquérir par l'intermédiaire de leurs administrateurs et de leurs esclaves quand ceux-ci appréhendent une chose *ex causâ peculiari* (1. § 5 D. ibid.) Cette innovation, d'une application d'ailleurs générale, est sensiblement plus étendue à l'égard des cités, puisque pour elles on fait abstraction de tout *animus ;* on le présume, ou, pour mieux dire, on se contente de celui de leurs représentants. Ajoutons que, si le représentant est un esclave, il faut et il suffit, pour acquérir la possession, que la cité, possède de bonne foi cet esclave, il importe peu qu'en réalité il soit libre, ou qu'un autre en soit propriétaire, car c'est la possession de l'esclave et non le *jus dominicæ potestatis* qui est la base du droit de devenir posseur par son intermédiaire. (1. § 6 D. ibid.) (1).

En second lieu, cette réforme aura son contre-coup sur l'acquisition de la propriété, toutes les fois que cette

(1) Sed per eum quem bona fide possidemus, quamvis alienus sit, vel liber possesionem adquirimus.

acquisition aura la possession pour base, comme dans l'usucapion et la tradition.

De là, on en vient à distinguer entre les actes solennels et les actes non solennels. Pour les premiers on maintient la rigueur des anciens principes ; pour les autres, la possibilité de la représentation fut admise graduellement, à mesure que se fit sentir davantage la nécessité de procéder plus librement. On peut conclure d'un texte de Modestin (53. D. De acq. rer. dom. XLI. 1) qu'à son époque (iiie siècle), cette distinction avait reçu une consécration générale. L'exclusion de toute représentation libre dans les actes solennels persista jusque sous Justinien, mais, la stipulation est la seule opération juridique pour laquelle cela ait encore de l'intérêt.

En matière d'actions, la représentation des cités avait reçu sous Alexandre Sévère une extension si importante qu'elle fut dès lors pleinement établie, « et, ce jour-là, l'idée de la personnalité fit un grand pas et elle arriva ainsi au plus grand développement qu'elle ait acquis chez les Romains. » (1)

------

(1) Houdoy. De la condition et de l'administration des villes chez les Romains, p. 152.

CHAPITRE II

Administration des Municipes

La cité n'est pas seulement une *universitas,* c'est une *universitas ordinata,* c'est-à-dire qu'elle est soumise à une organisation détaillée pour faciliter l'exercice prompt et régulier des divers droits qui peuvent lui compéter. Cette organisation, soigneusement réglée la *lex municipalis,* n'est pas toujours uniforme dans ses détails, mais on retrouve partout les mêmes élé-ments principaux. Nous nous contenterons, dans ce chapitre, d'exposer ces derniers, en ce qu'ils regardent la personnalité civile des cités.

L'administration municipale appartient principale_ment à un collège de magistrats, secondés par un sénat, et dont la dignité si elle est un honneur, cons-titue aussi une charge. C'est une charge, tant par la responsabilité qui pèse sur eux, que par les garanties nombreuses qui les entourent, pour assurer les cités contre leur insolvabilité.

§ 1. — *Magistrats municipaux.*

Tout municipe possède un corps délibérant, le sénat municipal, la curie, ou encore l'*ordo decurionum,* dont le rôle est considérable dans sa vie civile. C'est le conseil public qui, dans chaque cité, veille sur tous ses intérêts et sur l'administration de ses biens; il est habituellement composé de cent membres, présidés par le premier magistrat de la ville.

Pour en faire partie, il faut : 1º avoir fait un certain temps de service militaire, ou être âgé de 30 ans; cette limite d'âge fut abaissée à 25 ans sous les jurisconsultes (1); 2º en règle générale, avoir été magistrat (2); 3º n'être dans aucune des causes d'exclusion, causes qui peuvent d'ailleurs se réduire à une seule, l'infamie (3).

Au IIᵉ siècle de notre ère, ce sont les décurions eux-mêmes qui nomment les nouveaux membres, mais, jusqu'à cette époque, la *lectio senatûs* fut une importante attribution des *duumviri quinquennales*.

Toutes les décisions de la curie sont prises à la majorité des voix, et certaines affaires exigent un quorum déterminé. Sa compétence était générale : toute affaire importante, concernant les intérêts de la cité devait être soumise à sa délibération ou à sa sanction; et les magistrats étaient tenus de la consulter sur tous les actes qui se rapportaient à la gestion du domaine municipal, à l'emploi des capitaux, aux travaux publics. Enfin toute leur gestion financière était soumise à son contrôle. Sous le Bas-Empire, dans certaines affaires d'intérêt général, par exemple, en cas d'aliénation des biens de la cité, certains citoyens municipaux, les

(1) Comp. Table d'Héraclée, ch. VI. Loi de Malaga, ch. LIV — 5 § 1 D. L. 6.

(2) Cf. Nouvelle Revue historique du Droit. 1879. Etude de M. Bauduin sur le *Majus* et le *Minus Latinum*, et Remarques de M. Thézard.

(3) Table d'Héraclée, ch. VIII. Houdoy, De la Condition des villes chez les Romains p. 225. Pour ce pg. nous avons consulté Mispoulet, les Institutions poliques des Romains, t. II, p. 132 et suiv — Houdoy op cit. ch. V à X inclus.

possessores, étaient adjoints à la curie avant d'en délibérer.

Mais si le rôle joué par la curie était important, ce n'était pas elle qui avait l'administration proprement dite du municipe. Cette mission appartenait à deux magistrats, les duumvirs, secondés par les édiles et les questeurs. C'étaient là les *honores.*

Avant que le relàchement de la vie publique eùt gagné les provinces, tous étaient élus par le peuple de la cité dans ses comices ; mais, dès le commencement du IIIe siècle, leur nomination passa dans les attributions de la curie ; aucun acte législatif ne vint du reste consommer cette réforme, qui s'opéra insensiblement, à des époques variables suivant les lieux et les circonstances. Il arriva même un moment où le président de la province intervint directement dans le choix des magistrats.

Pour être admis aux magistratures, comme pour faire partie de l'*ordo,* il fallait être âgé de 30 ans ou avoir fait du service militaire. Les plébéiens y étaient appelés, mais sous les jurisconsultes, la condition première pour les obtenir était la qualité de décurion (7 § 2 D. De decur. L. 2) ; l'âge minimum fut abaissé à 25 ans, et on peut conclure de la loi 2 § 1 D. L. 6, que cette limite ne fut pas absolue et que parfois, *propter penuriam hominum,* on n'attendit pas cet âge.

Outre des attributions judiciaires, le droit de convoquer et de présider les comices, les duumvirs, premiers magistrats de la ville, en avaient l'administration générale. On dirait aujourd'hui qu'ils la représentaient : ils accomplissaient pour elle tous les actes de la vie civile, sauf quelques-uns réservés à des magistrats spéciaux, comme les achats de grains pour alimenter les greniers municipaux, et l'exercice des actions intéressant la cité. Du reste tous les actes des magistrats inférieurs étaient soumis à la surveillance des duumvirs. Ceux-ci veillaient encore à l'exécution des décisions de la curie; en cas d'inaction de leur part, ils pouvaient être interpelés en assemblée de la curie, et ils étaient obligés de répondre ou de faire droit à la réquisition. Enfin, tant que le *curator reipublicæ* ne fut pas inventé, ils eurent la gestion des finances du municipe, ils mirent les travaux publics en adjudication, les propriétés communales en location.

Toutes les cités ont leurs duumvirs, ou tout au moins des magistrats chargés comme eux de fonctions à la fois administratives et judiciaires; car certains municipes, comme Arpinum, par exemple, avaient conservé par privilège les mêmes magistrats et la même organisation qu'avant la conquête romaine. Les textes citent aussi les *præfecti;* c'était le nom donné aux fonctionnaires, qui, dans certains cas exceptionnels, remplaçaient les magistrats supérieurs.

Quant aux édiles, leurs attributions commerciales et de police n'avaient guère de rapport avec la personnalité et la représentation des cités, si ce n'est en ce qui concerne l'approvisionnement des greniers publics, *cura annonæ,* qui leur était habituellement confié.

Nous en dirons autant des questeurs, qui administraient la caisse municipale, en ce sens qu'ils percevaient les revenus de la cité, et effectuaient les dépenses ordonnancées par les duumvirs et les édiles. Leurs fonctions n'étaient pas partout rangées dans les *honores;* dans beaucoup de municipes, elles ouvraient la liste des *munera* (18 § 2 D. De honor et mun., L. 4), qui embrassait les autres emplois de la cité. Nous y signalerons encore celui du *syndicus* ou *defensor*, chargé de représenter le municipe en justice et que nous retrouverons plus tard.

Dès le début du IIe siècle, à l'époque classique, par conséquent, on voit apparaître un nouveau fonctionnaire, le *curator reipublicæ* (1), que les empereurs prennent l'habitude d'envoyer dans les municipes pour y surveiller la gestion de leurs finances. Son institution remonte certainement au règne de Nerva, peut-être même à celui de Trajan. Après avoir été quelque temps une charge extraordinaire, souvent confiée à des sénateurs ou à d'anciens préteurs, étrangers à la ville où on les envoyait, cette magistrature finit par être absolument générale. Les fonctions exercées par le *curator* sont très importantes : peu à peu, il a attiré à lui toutes les attributions administratives et financières des duumvirs et des questeurs, qui, tout en continuant d'exister, ne portaient plus guère qu'un titre sans attributions. Le *curator* a l'administration générale du municipe, de son patrimoine et de ses revenus; et comme on peut conclure de la loi 9 § 2 D. L. 8, qu'il a le droit d'en exercer les actions, c'est lui qui, en définitive, le personnifie, ou le représente.

Sous Constantin, la fonction de *curator reipublicæ* subit une transformation. Ses attributions sont toujours de plus en plus vastes et importantes, mais à cette époque il est choisi parmi les décurions de la cité, qui y ont parcouru toute la carrière des honneurs

(1) On peut consulter sur le *curator reipublicæ* une monographie de M. Edmond Labatut. Paris 1868.

municipaux. Quelques auteurs ajoutent qu'il est nommé comme les autres magistrats par les décurions, tout en recevant l'investiture de l'empereur et représentant dans la commune les intérêts du pouvoir central. Mais, à cette époque, la politique du Bas-Empire devenait de plus en plus centralisatrice et oppressive vis-à-vis des municipes, qui, déjà depuis longtemps, avaient vu s'éteindre leur ancienne liberté ; aussi préférons-nous l'opinion de M. Houdoy, d'après lequel le *curator reipublicæ* ne cessa point d'être nommé par l'empereur ou son représentant dans la province (1).

§ 2. — *Responsabilité des magistrats.*

Si ce n'est qu'avec une lenteur extrême que les Romains ont fini par admettre la représentation des *universitates* dans les actes de la vie civile, de tout temps, et à toute époque, ils ont fait peser une responsabilité exhorbitante sur les magistrats et les fonctionnaires municipaux.

Ceux-ci n'ont pas la qualité de mandataires, autrement, leur mandat terminé, ils auraient été libérés vis-à-vis de la cité, pourvu qu'ils fussent restés dans les limites de ce mandat; ce sont des gérants d'affaires, *negotiorum gestores;* gérants d'affaires responsables non seulement de leur faute, mais encore de leur plus petite négligence (6 D. De adm. rer. L. 8); non seulement de leurs propres actes, mais même parfois de ceux des magistrats qui les ont précédés, ou qui leur succéderont dans leurs fonctions

(1) Houdoy Op. cit p 409.

D'après un rescrit des empereurs Antonin et Verus, s'il n'y a eu que négligence de leur part ils sont tenus au simple, mais s'ils sont coupables de dol, ils doivent être condamnés au double (9 § 4, ibid.)

Le *curator reipublicæ* (1) ne peut passer bail sans exiger de fortes garanties de la part du preneur; a-t-il négligé de le faire, il reste tenu du paiment des loyers tant que le successeur n'a pas approuvé le bail et n'en a pas accepté les risques. Lorsque les baux à longue durée furent reconnus par la jurisprudence, on décida que le curateur répondrait dans tous les cas du vectigal échu pendant la durée son administration, même quand le contrat aurait été passé par un de ses prédécesseurs (3 § 1, ibid.)

En ce qui concerne les créances qui appartiennent au municipe, il doit veiller à ce qu'elles ne deviennent pas mauvaises; toute insolvabilité des débiteurs survenue pendant sa gestion resterait à sa charge, mais celle-là seulement (9 § 9, ibid.) Il est également tenu de trouver un placement pour les capitaux de la cité et fait encore ce placement à ses risques; il reste, même après avoir résilié ses fonctions, responsable de la solvabilité de l'emprunteur, à moins qu'il n'ait pu faire agréer le placement par son successeur, auquel cas les risques et périls en retomberaient sur ce dernier. Cependant comme un administrateur reste engagé vis-à-vis de la ville à raison de la gestion de ses successeurs, le magistrat qui a fait le prêt peut, à ce titre, se trouver encore tenu dans la seconde hypothèse (36 § 1 D. Ad municip. L. 1).

---

(1) Notons ici une fois pour toutes que tout ce qui sera dit du curator doit être appliqué, avant son institution aux duumvirs.

Il résulte enfin de la loi 9 pr. D. L. 8 que le *curator* doit payer les intérêts de toute somme d'argent appartenant à la cité, et qu'il a conservée pendant un délai déterminé sans en faire emploi, ou après être sorti de charge et sans motif légitime (9 § 10 D. ibid.) Cette obligation aux intérêts ne s'étendrait pas à celui qui ne se trouve tenu qu'à raison de sa mauvaise gestion, ou d'actes d'administration préjudiciables : celui-là ne doit rembourser qu'un capital (1).

Il est évident que les héritiers des magistrats supporteraient les conséquences de cette responsabilité, sauf en ce qu'elles pourraient avoir de pénal (9 § 9 D. L. 8).

Pour rendre cette responsabilité effective, et assurer les recours auxquels peut donner lieu leur gestion, les magistrats sont soumis à l'obligation de rendre leurs comptes devant la curie à l'expiration de leurs fonctions. La loi de Malaga (Ch. LXVII et LXVIII) indique quelle procédure était suivie en pareil cas dans ce municipe : ces comptes devaient être rendus, dans les trente jours de la cessation des fonctions, devant la curie, qui désignait une commission chargée de les vérifier et d'en poursuivre l'apuration, au besoin d'agir contre le magistrat; on comprenait dans ces comptes tout ce dont le fonctionnaire était débiteur vis-à-vis de la cité à quelque titre que ce fût : les recettes opérées par lui, et ce qu'il devait à raison de sa faute ou de sa négligence; puis on faisait la balance avec les créances qu'il avait contre le municipe. Il est probable que le président de la province statuait *extra ordinem* sur les contestations que cette opération faisait naître.

(1) Cf. LL. 21 § 1 D. Ad munic. L. 1. — 24 ibid. — 1 C. De his qui off. XI. 38

Ajoutons enfin que, même une fois clos, les comptes pouvaient encore être révisés pendant un délai de vingt ou de dix ans, suivant qu'on était en présence des magistrats ou de leurs héritiers.

§ 3. — *Garanties données au municipe contre ses magistrats.*

Toutes les fois que la loi confie à une personne la tutelle d'un incapable, elle ne se contente pas de la rendre responsable, elle prend encore soin d'entourer celui qu'elle veut protéger de certaines garanties, pour lui éviter les conséquences d'une mauvaise administration. Celles qui sont données au municipe, pour le couvrir de l'insolvabilité éventuelle de ses magistrats, lui permettent, sans grand danger, d'en affronter les risques.

Aucune condition de fortune ne paraît avoir été formellement prescrite chez le candidat à une magistrature municipale (1); en fait, elle devait cependant jouer un rôle considérable : car c'était l'intérêt des duumvirs sortants, qui restaient subsidiairement responsables, et avaient la mission de vérifier, avant l'élection, si le candidat remplissait toutes les conditions exigées par la *lex municipalis* ; il arriva du reste que les dépenses occasionnées par les manœuvres élec-

(1) D'après Bouché-Leclercq, il fallait posséder un certain cens. (Manuel des Institutions romaines. p. 183.) — On n'en trouve pas de trace dans les lois de Malaga et de Genetiva. Mais celle-ci (chap. LXX et LXXI) oblige les magistrats coloniaux à fournir des jeux pour lesquels elle fixe le contingent de la dépense à eux-mêmes imposée. et la part contributive du trésor colonial. Cf. Ch. Giraud. Nouveaux bronzes d'Osuna. p 3.

torales soulevèrent partout la grève des candidats, et que, pour remédier à cette pénurie, on les désignait d'office aux suffrages du peuple, jusqu'au jour où l'élection passa des comices populaires à la curie; le droit de présentation fut alors exercé par le *præses provinciæ*.

Quand même ils eussent été désignés malgré eux, les magistrats municipaux devaient prêter serment *rem publicam salvam fore,* et faire cautionner leur promesse par des fidejusseurs. Les anciens magistrats, restés débiteurs envers le municipe après leur gestion terminée, étaient strictement écartés des fonctions publiques, tant qu'ils n'avaient point payé leurs dettes. (6. § 1. D. De mun. et honor. L. 4.) Enfin le chapitre XCI des bronzes d'Osuna, qui présente une lacune, exige des candidats aux fonctions de décurion, et probablement aussi à toutes les autres, un domicile de cinq ans dans le municipe, et il semble bien résulter de ce texte que la *pignoris capio* était permise contre ces magistrats après leur élection, pour mieux garantir l'exact accomplissement de leur mission.

En plus des fidéjusseurs, fournis par eux, d'autres personnes sont encore exposées à répondre des conséquences de leur administration.

D'abord, si le magistrat est fils de famille, le *pater-familias,* sous la puissance duquel il se trouve, répond de sa gestion : et pour éviter cette charge il ne lui suffirait pas d'émanciper son fils (38. § 4. D. ad munic. L. 1.), il devrait par une déclaration formelle refuser de consentir à sa nomination (2. pr. D. L. 1. et 7. § 3. D. L. 2.) Cette obligation du père n'est qu'une sorte de fidéjussion légale, pour laquelle son consentement n'était nullement requis (2. D. L. 1) ; elle n'est pas exclusivement personnelle, car, à sa mort, elle passe à ses héritiers, quand cet évènement survient après que le fils a commencé sa gestion.

D'autre part, les magistrats municipaux, avant de quitter leur siège, présentaient leurs successeurs aux comices, ou à la curie. Cela s'appelait la *nominatio ;* et cette attribution avait pour conséquence de faire peser sur le *nominator* une obligation semblable à celle du fidéjusseur (17. § 15. D. L. 1.), mais ni l'un ni l'autre ne seraient tenus des actions pénales, car les peines sont personnelles ; et tous deux sont libérés par cela même que le magistrat est solvable au sortir de sa charge (15. § 1. Ibid.) A partir de ce moment, il y a une action publique qui sanctionne l'obligation de rendre compte ; elle doit suffire à indemniser la cité, sinon la responsabilité retomberait sur les commissaires des comptes qui n'ont pas agi en temps opportun. Le *nominator* ne répond pas du reste des actes de son second successeur, autrement son obligation n'aurait pas de limites. Enfin, à une époque qu'il est impossible de préciser, sa responsabilité tomba sur les membres de la curie.

Les Romains introduisirent dans leur organisation municipale le principe de la collégialité (1), l'une des règles fondamentales de leur constitution politique sous la République. Chaque magistrature est ordinairement exercée par plusieurs titulaires, et chacun d'eux disposant d'une autorité égale, a vis-à-vis de l'autre le droit d'*intercessio,* c'est-à-dire le droit d'opposer son

---

(1) Sur la collégialité dans les magistratures romaine. Cf. Mommsen. Droit public Romain, tome Ier. (La Collégialité).

veto, pour empêcher les abus de pouvoirs de son collègue. Ce droit entraîna pour les magistrats municipaux de même rang une responsabilité réciproque et solidaire. Cette conséquence était nécessaire, et ne s'en produisait pas moins si, pour une cause ou pour une autre, l'un d'eux s'était tenu à l'écart de l'administration. (11 pr. et 13. D. L. 1.)

En somme, il y avait ici toute une série de débiteurs accessoires ; mais tous ne pouvaient pas être indifféremment poursuivis ; il y avait un ordre à observer entre eux, et, comme ils étaient soumis à toutes les règles du droit commun, la solvabilité du débiteur poursuivi libérait tous les autres tenus après lui, de même que celui-ci avait son recours contre qui de droit.

Il résulte de la loi 24. D. L. 1. que tous ces débiteurs n'étaient pas tenus des intérêts des dettes qu'ils garantissaient ; et la constitution 1. C. XI. 34, faisant une juste application de la personnalité des peines, décide que tous ceux qui devaient répondre de l'administration d'un magistrat, ne supportaient pas la peine encourue par lui à l'occasion d'un dol ou d'un délit.

Avant de clore la liste des garanties accordées aux cités, signalons le droit qui leur fut accordé de recourir au préteur *extra ordinem,* et de demander, comme les mineurs, la *restitutio in integrum.* (4. C. II. 54 et 3. C. XI. 29). Elle leur était donnée, soit quand elles se heurtaient contre l'insolvabilité des magistrats ou de leurs garants, soit quand elles se trouvaient lésées, sans qu'il y eût fraude ni négligence de leur part, par suite sans avoir aucun recours possible. Doneau fait observer avec raison qu'elle ne pouvait avoir lieu à l'occasion des contrats (1) : en effet, ou le contrat a profité à la cité, et alors il ne saurait être question de restitution ; ou il ne lui a pas profité et nous verrons qu'en pareil cas elle n'est point obligée (2). En revanche, ce recours pourra lui être très utile, lorsqu'on aura laissé usucaper ses biens, ou éteindre une de ces actions par la *præscriptio*, ou encore quand une hérédité, acceptée en son nom et versée dans son patrimoine, est devenue pour elle une source de préjudice à cause des dettes ignorées dont elle était grevée.

Le fisc avait un droit de gage sur tous les biens de ses débiteurs, ce qui lui donnait le droit de les poursuivre entre les mains des tiers détenteurs. Pareil privilège n'exista d'abord au profit des cités qu'à titre exceptionnel, et seulement s'il leur avait été attribué par une concession spéciale (3); elles jouissaient déjà du reste d'une importante faveur en vertu de la loi 38 § 1 D. XLII 5, qui leur permettait de se faire payer avant tous les créanciers chirographaires de leur débiteur. Mais cet avantage ne parut pas suffisant à l'empereur Constantin, qui frappa d'un droit de gage, accompagné d'un droit de suite, au profit de la cité, les biens composant le patrimoine d'un individu au moment où il est devenu le débiteur de cette cité (l. 2 C. De deb. civ. XI 32).

Cette dérogation considérable apportée au droit commun semble bien appartenir à une série de me-

---

(1) OEuvres complètes de Doneau. Edit. Florence 1848. T. XI, col. 423, 8

(2) La *restitutio in integrum* est encore refusée *cum pro libertate judicatur* (9 D. De appellat. XLIX 1).

(3) 10 D ad mun L. 1. — La loi 37 D. De reb. auct. XLII 5, cite précisément un municipe (Cœle Syria) à qui cette faveur fut octroyée.

sures, qui furent prises par le Bas-Empire, pour reconstituer le patrimoine des cités, dont les richesses avaient été précédemment absorbées par les exigences impériales et souvent confisquées sans scrupule. Malheureusement on ne restaure pas facilement un édifice déjà ruiné, et ces mesures demeurèrent impuissantes à sauver de la décadence les municipes dont la splendeur effondra rapidement, dès qu'ils eurent perdu leur autonomie.

CHAPITRE III

Droits réels des municipes.

L'avantage capital de la personnalité civile est de
conférer au *corpus* qui en est revêtu le droit d'avoir un
patrimoine distinct de celui de ses membres. Il y a là
deux idées qui ont entre elles une étroite connexion, et
il ne nous semble pas téméraire de considérer le droit
de propriété comme le germe qui aurait donné naissance à la personnalité civile.

Le patrimoine des cités présente le même aspect que
celui de toute autre personne : il comprend des droits
réels et des droits personnels, *res communes, arcam
communem* (1 § 1 D. III, 4); mais nous laissons ici les
seconds de côté, pour réserver ce chapitre à l'étude
des biens corporels qui sont susceptibles d'être l'objet
d'un droit réel au profit des municipes, en indiquant
l'aspect que ce droit reçoit en passant dans leur patrimoine.

Les cités, de même que l'État ou le *populus*, ont un
caractère public qui rejaillit sur leur patrimoine, car
les éléments dont il se compose doivent être séparés en
deux catégories bien distinctes. Sans doute les Romains
ne surent pas appliquer à chacune d'elles une termi-
nologie spéciale, ils n'en ont pourtant pas moins distingué, comme nous le faisons aujourd'hui, les biens du
domaine public et ceux du domaine privé ; la confusion

n'existe que dans les mots, mais elle aboutit à ce résultat que certains textes ne peuvent pas être interprétés littéralement, ou tout au moins en prenant pour base les principes du droit moderne (1).

Certains biens servaient à l'usage commun des habitants d'un municipe, et ordinairement aussi des étrangers : *Promiscuè his utuntur,* dit Paul (1 § 22 D. De adquir. vel amit. XLI, 2). Tels étaient les stades, le théâtre, le forum ; il y avait aussi des chemins publics qui n'appartenaient pas au peuple romain, mais à la cité (2). Tous ces biens-là formeraient ce que nous appelons aujourd'hui le domaine public municipal.

C'est encore à cette catégorie qu'appartiennent les *res sacræ,* affectées au culte ou à la religion du municipe. Il est vrai que Justinien, et avant lui les jurisconsultes, disaient de ces choses : *Quod divini juris est, nullius in bonis est;* mais ils voulaient exprimer par ces mots, avec plus d'énergie, la qualité qu'elles avaient d'être hors du commerce. En réalité ces biens sont imprégnés de propriété communale ; leur caractère sacré vient-il à disparaître ? ils tombent dans le domaine privé de la cité, et, d'autre part, la vente des meubles et la location des immeubles, dans les hypothèses assez rares où elles sont possibles, rentrent dans les attributions des édiles (3). Cette observation s'applique aussi aux murailles et aux portes des villes, qui sont des *res sanctæ.*

(1) Exemples : les lois 15, 16, 17 pr. D. De signif. verb. L. 16, sur les *res universitatis.* Cf. Accarias. T. 1er § 197.

(2) Lex coloniæ Juliæ Genetivæ. Ch. LXXVII et LXXVIII. Giraud. Nouveaux Bronzes d'Osuna, p. 54.

(3) Cf. Giraud, op. cit. Le savant archéologue invoque à l'appui de cette thèse le consentement de la commune, nécessaire pour l'affectation du fonds au culte et les termes de l'inscription de Furfo (596 de R.).

Tous les biens dont nous venons de parler, tant qu'une décision spéciale ne les a pas désaffectés et même, s'il s'agit de *res divini juris,* tant que leur consécration n'a pas été effacée au moyen de certains rites, sont certainement inaliénables; ils ne peuvent être ni usucapés, ni engagés (9 D. De usurpat. XLI, 3), et leur destination ou leur usage est protégé par des interdits.

Quant aux statues dressées sur les voies publiques, deux textes en traitent spécialement (41 D. De acquir rer. XLI, 1 et 29 D. De rebus auctor. XLII, 5); mais il n'est pas aisé d'y découvrir à qui les jurisconsultes en attribuaient la propriété. Pothier les concilie de la manière suivante (1) : Aufidius distingue deux espèces de statues (1. 29) : 1º celles qui ont été placées dans un but d'ornement, et qui sont publiques : elles appartiennent à *l'universitas;* 2º d'autres, élevées à la gloire d'une personne, appartiennent à celui en l'honneur de qui elles sont érigées. Seulement celles-ci, pas plus que les premières, ne peuvent être enlevées ni par le propriétaire, ni par ses successeurs *in universum jus,* l'acheteur de tous ses biens notamment : *nullo modo detrahi posse.* C'est à la seconde catégorie qu'Ulpien se réfère dans la loi 41 lorsqu'il dit : *Statuas in civitate positas civium non esse (id est civitatis non esse).*

En dehors de son domaine public, la cité était ordinairement propriétaire d'une masse de biens qui formait son véritable patrimoine, son domaine privé. Ces biens échappaient à tout usage de la part des habitants qui n'avaient sur eux aucun droit; ils constituaient

______

(1) *Pandectæ Justinianæ,* t Iᵉʳ, p. 36 § 11, 4ᵉ édit. Paris 1818.

la fortune du municipe, dont ils alimentaient en partie le budget, et, si plusieurs modes d'acquérir lui étaient inaccessibles à cause de la nature fictive de sa personnalité, on peut cependant poser, en principe, qu'il les acquérait au même titre et de la même manière que les personnes physiques. Cette masse pouvait comprendre toute espèce de choses.

Elle comprenait notamment des esclaves : *nec servus communis,* dit Marcien, *singulorum pro parte intelligitur sed universitatis* (6 § 1 D. De divis. rer. I. 8). De ce principe les jurisconsultes tiraient plusieurs conséquences : l'esclave du municipe peut être mis à la question dans une instance concernant un habitant (id. et 1 § 7 D. De quæst. XLVIII, 18); de même tout ce qui est acquis par cet esclave l'est par le municipe, et non par les citoyens.

La condition des esclaves municipaux, quoique essentiellement variable, était plutôt privilégiée : certains d'entre eux étaient attachés au service des magistrats pour les seconder dans l'administration; à tous la qualité de *servi publici* (1 C. De serv. reipub. man. VII, 9) leur valait, ainsi qu'à ceux du peuple romain, la jouissance d'un pécule et le droit de disposer par testament de la moitié de ce pécule.

Si l'esclave venait à être affranchi, il était tenu des *jura patronatûs* vis-à-vis du municipe, et non pas vis-à-vis de chaque citoyen en particulier (1); aussi aucune restriction n'était apportée à son droit de poursuivre un habitant (10 § 4 D. De in jus voc. II, 4), mais s'il devait intenter une action contre le municipe, bien

____

(1) Cf. Dig. De lib. univers. XXXVIII, 3, et De manumis, XL, 3

qu'il agisse en fait contre l'*actor*, il doit demander l'autorisation au préteur. C'était à peu près l'unique honneur qu'une cité pouvait retirer des *jura patronatûs*, car les autres se rattachaient à des droits de famille, qui sont inconciliables avec la nature de la personnalité civile.

Ce n'est d'ailleurs qu'après l'époque classique qu'on rencontre des esclaves affranchis par un municipe, et recevant la qualité de citoyens romains. Les modes solennels d'affranchissement avaient seuls assez d'efficacité pour la conférer, or, à cause de l'inévitable règle *Nemo alieno nomine lege agere potest,* une personne morale était incapable d'affranchir par la *vindicta*. Il est néanmoins certain que les esclaves des villes ont toujours pu obtenir la liberté, mais ce n'était jamais qu'une liberté de fait, ils étaient *servi in libertate,* et, légalement esclaves, ils mouraient avec cette condition. Leur situation s'améliora sensiblement lorsque la loi *Junia Norbana* accorda la latinité aux esclaves affranchis par un mode non solennel : ceux des cités profitèrent de cette importante innovation (1).

A Rome, le peuple trouvait assez de pouvoir, dans sa souveraineté, pour accorder le droit de cité à ceux de ses esclaves qu'il jugeait dignes de cette faveur, et l'histoire nous a transmis plusieurs exemples de ces affranchissements. Les cités n'avaient point cette puissance, et il fallut une loi, la loi *Vectibulici,* rendue en l'an 129, sous le règne de Trajan, pour attribuer à leurs affranchis le titre et la qualité de citoyen romain (3. C. De serv. reip. VII. 9). Cette loi s'adressait aux

(1) Cf. Savigny. Traité de Droit Romain, t. II, p. 280. — Varron. *De linguà latinà.* Lib. VIII, § 41.

villes d'Italie, mais sous Hadrien, elle fut étendue par un sénatus-consulte à tout l'empire romain. Elle édictait que pour conférer la qualité de citoyen romain à un esclave municipal, il devrait être affranchi par un décret des décurions, confirmé par le gouverneur de la province, (1 et 2. C. VII 9).

Le patrimoine des cités comprenait aussi des immeubles en grande quantité et de toute nature ; on y trouvait des terres arables et des pâturages, des lacs, des étangs (1), des forêts et même des mines (2). Leurs domaines devinrent considérables, et, à plusieurs reprises, ils tentèrent la cupidité des empereurs qui les confisquèrent à leur profit. Julien et Théodose le Jeune s'efforcèrent de réparer le mal causé par leurs prédécesseurs : ils restituèrent en grande partie les terres que ceux-ci avaient usurpées; mais ces justes mesures ne réparèrent pas tout le mal, et ne ralentirent point le mouvement qui entraînait les municipes, après une prospérité éclatante, vers la décadence et la misère.

A cette même époque, sous le Bas-Empire, les biens des cités sont certainement aliénables (3. C. De vend. rel. civit. XI. 31.); mais l'ont-ils toujours été ? C'est là une question très discutée.

Nous reconnaissons qu'à l'origine les cités et leurs administrateurs se heurtaient, peut-être, contre une impossibilité de fait pour aliéner ses biens, puisqu'aucun des modes ordinaires d'aliénation n'était à leur portée ; cette impossibilité se prolongea tant que la représentation *per extraneam personam* ne fut pas

---

(1) Cf. l. § 7. D. Ut in flum. XLIII. 14.

(2) Suétone rapporte que Tibère pour satisfaire sa cupidité priva certaines villes du droit d'exploiter les mines. (Tibère, § XLIX.)

admise. Mais pour soutenir que l'inaliénabilité ait été de droit, et que, à l'époque classique, après la représentation admise, les biens des cités n'aient pu être vendus, en d'autres termes, pour jeter hors du commerce une aussi grande quantité de choses, il nous semble qu'il faudrait nous apporter des textes plus formels, ou des arguments plus irréductibles que ceux qu'on invoque.

On oppose d'abord la l. 3. C. XI. 31, constitution de l'empereur Léon, qui autoriserait pour l'avenir l'aliénation des biens acquis par les cités, en ayant soin pourtant de l'entourer de certaines formalités : à Constantinople, elle exige l'autorisation de l'empereur, et partout ailleurs le consentement d'une assemblée composée des *curiales*, des *honorati*, et des *possessores*. Rien ne prouve, à notre avis, que la phrase importante de ce texte : « *Super his licebit civitatibus venditionis pro suo commodo inire contractum,* » exprime une innovation plutôt que la consécration d'un principe depuis longtemps reconnu et dont l'empereur va modifier l'application. Il paraît vraisemblable que le seul but de cette loi fut d'enrayer les malversations devenues fréquentes de la part des magistrats ou des *curatores reipublicæ*, elle inaugure un nouveau système que le droit impérial étendra à toutes les *universitates,* système de tutelle et de protection à outrance qui rejaillira principalement sur les biens ecclésiastiques.

On objecte encore la loi 9 § 2. D. L. 8. Ce texte ordonne au curateur de revendiquer les biens communaux mêmes quand ils se trouvent entre les mains d'un acheteur de bonne foi ; c'est donc que ces biens seraient

inaliénables. A cela, nous répondrons que le texte
invoqué ne précise nullement la solution qu'on en
veut tirer et pour laquelle il n'a pas été écrit ; il ne
doit pas être interprété abstraction faite du reste de la
loi, qui forme un ensemble complet, et fixe les obligations et la responsabilité du *curator reipublicæ* : or,
l'une de ces obligations consiste précisément à revendiquer les biens de la cité contre qui de droit, par
conséquent contre un acquéreur de bonne foi, s'il y a
lieu, ce qui arrivera, par exemple, quand ces biens
auront été vendus par un autre que par l'administrateur compétent.

Ce qui prouve bien que là où on a vu une inaliénabilité, il n'y avait qu'un obstacle tenant au principe
de la non-représentation, c'est d'abord que les esclaves des cités pouvaient être affranchis, ou tout au
moins, avant la loi *veclibulici,* obtenir la liberté ; il est
d'ailleurs difficile d'admettre que le principe lui-
même n'ait pas été tourné relativement à leurs meubles, car, de tout temps, les cités ont dû pouvoir
convertir en argent les fruits de leurs immeubles.
D'autre part la vente forcée était parfaitement permise : les biens des cités pouvaient être saisis et vendus par leurs créanciers, ce qui fournissait un moyen
bien facile de rendre illusoire leur inaliénabilité ; et enfin la caution *damni infecti* pouvait être exigée d'un
municipe conformément au droit commun (15. § 27.
D. De damno inf. XXXIX. 2) ; or, son administrateur
refusait-il de la fournir ? La possession était trans-
portée au donateur qui pouvait parvenir à la propriété
par la prescription ; et, dans ce dernier cas, nous sor-
tons de l'hypothèse d'une aliénation nécessaire ou forcée.

Si les biens des cités pouvaient être vendus, il n'en faudrait pas conclure qu'aucune mesure n'ait été prise pour en garantir la conservation. La loi 5. § 1. D. L. 10 les place sous la surveillance du *præses provinciæ,* et lui donne le pouvoir, lorsqu'il sont possédés par un tiers, de rechercher, avant de les revendiquer, s'il ne sera pas plus avantageux d'imposer un *vectigal* à ce possesseur.

Susceptibles d'être aliénés, les biens du domaine privé des cités peuvent être aussi usucapés ; la loi 9. D. XLI. 3 n'apporte à cela aucun obstacle, car il faut en limiter l'application à leur domaine public. Nous rappelons, d'ailleurs, que l'usucapion n'était possible qu'autant qu'il s'agissait de fonds italiques, ou de *res mancipi,* et que pour les fonds provinciaux, le préteur avait créé la *præscriptio longi temporis.* Mais, sous Justinien, cette distinction entre les diverses espèces de biens disparait du Droit Romain, et l'usucapion est fondue avec la *præscriptio longi temporis,* pour ne plus former qu'une seule institution. Quant au municipe, évincé à la suite d'une usucapion ou d'une prescription, sa qualité d'incapable lui ouvrait un recours contre ceux qui avaient négligé de veiller à ses intérêts, et lui assurait le dédommagement du préjudice éprouvé par lui.

Les biens des cités n'étaient pas moins susceptibles d'être grevés de servitudes, et, inversement, rien ne s'opposait à ce que des servitudes rurales ou urbaines leur fussent cédées sur la propriété d'autrui. L'usufruit leur fut même accessible. Cette concession n'allait pourtant pas sans soulever certaines difficultés, à cause du caractère même de ce droit que le décès du titulaire,

ou sa *capitis deminutio,* doit nécessairement éteindre;
et si on n'avait eu la précaution de fixer un terme à
l'usufruit constitué au profit d'un municipe, il eut été
difficile d'en prévoir la fin. Pour éviter de rendre aussi
illusoires les avantages de la propriété, la durée de
cette servitude fut limitée à cent années, ce qui passait
pour la durée la plus longue de la vie humaine (56 D.
De usuf. VII, 1). Ce texte n'est nullement en opposition avec la loi 68 pr. in fin. D. XXXV, 2 : le terme
de trente ans, dont il est ici question, n'a trait qu'à
l'évaluation qu'on doit faire de l'usufruit, en vue de la
réduction prescrite par la loi Falcidie; on se base sur
cette durée, en pareil cas, même quand l'usufruit
s'adresse à une cité, et sans prendre en considération
les charges qui y sont attachées. Modestin a soin de
déclarer que si, avant l'expiration des cent années,
un événement quelconque venait à ruiner la cité, au
point d'anéantir sa personnalité, l'usufruit s'éteindrait
de plein droit : *Si ususfructus civitate legetur, et ara-
trum in ea inducatur, civitas esse desinit, ut passa
est Carthago; ideoque, quasi morte desinit habere
usumfructum* (21 D. Quibus modis. VII, 4).

Les immeubles entraient pour une part considérable dans le patrimoine des cités, mais ne constituaient
pas leurs seules richesses. Elles avaient aussi des biens
meubles, argent ou créances, dont l'ensemble composait
leur budget, *arca communis.*

Comme recettes ordinaires, ce budget comprenait les
revenus des immeubles et des capitaux du municipe,
les travaux de ses esclaves, les amendes prononcées
par ses magistrats, enfin certains impôts, péages, pres-
tations, ou droits d'octroi, tous compris sous la déno-

mination de *vectigalia,* et dont la perception était ordinairement affermée à des sociétés de publicains. Les legs, les fideicommis et les successions que recueillait la cité, les emprunts qu'elle contractait, formaient souvent des recettes extraordinaires très importantes.

Le soin de gérer le budget municipal appartint longtemps aux questeurs, qui avaient le maniment des deniers publics et payaient les dépenses régulièrement ordonnancées par les duumvirs et les édiles. Mais, sous l'Empire, le *curator reipublicæ* ne tarda pas à se mettre à leur place, en réunissant entre ses mains toutes les fonctions et toutes les charges municipales.

CHAPITRE IV

Modes d'acquérir des municipes

L'origine ou la source du patrimoine des cités est encore entourée d'une obscurité profonde : c'est qu'il est fort difficile de déterminer comment, dans les agglomérations qui ont donné naissance aux cités anciennes, certains biens ont échappé à l'appropriation individuelle, afin que la communauté tout entière en ait l'usage et le profit, *ut promiscuè his utantur*. Il y a là une double évolution, que nous avons déjà considérée comme à peu près simultanée, mais dont l'analyse, en admettant qu'elle soit possible, dépasse certainement nos forces.

Nous nous contenterons de constater que ces masses de biens, composées pendant plusieurs siècles de ce qui était indispensable à la communauté, s'étaient, vers l'époque classique, considérablement augmentées.

Si ce formalisme étroit du Droit Romain primitif s'accordait peu avec la nature toute fictive de la personnalité des *universitates,* celles-ci finirent par bénéficier peu à peu de tous les modes d'acquérir du droit civil. Nous allons suivre ici les conquêtes successives emportées par les municipes, en distinguant, d'une part, les modes d'acquérir à titre universel, et, d'autre part, les modes d'acquérir à titre particulier ; toutefois, à cause de leur importance, nous traiterons séparément des legs et des fideicommis, qui furent vraisemblablement la source la plus abondante des richesses municipales.

§ 1. — *Modes d'acquérir à titre particulier.*

La *mancipatio* et la *cessio in jure,* qui forment les deux procédés fondamentaux de toute acquisition, sont inaccessibles aux cités, à cause de leur solennité rigoureuse. L'une et l'autre exigent la présence des parties intéressées et répugnent à toute idée de représentation ou de mandat, de quelque nature qu'il soit. Ainsi, un tuteur ne pourra y avoir recours pour acquérir un bien à son pupille, ni les administrateurs d'un municipe pour rendre celle-ci propriétaire.

Ceux-ci en usaient-ils, quand même, relativement à un immeuble que la curie leur avait donné mission d'acquérir pour la ville? L'acquisition, au lieu de grossir le patrimoine de celle-ci, se fixait purement et simplement sur leur tête, ce qui les mettait dans l'obligation de lui retransférer la propriété de l'immeuble par un autre mode. D'ailleurs s'ils avaient exprimé leur volonté d'agir pour la cité, ils viciaient par là même les formules solennelles; l'opération tout entière était nulle et n'aboutissait à rien.

Pour la *cessio in jure,* cette règle est absolue; c'est un acte judiciaire, une revendication fictive dans la forme des actions de la loi, or *nemo alieno nomine lege agere potest* (Gaius, II § 96). Il n'en était pas de même de la mancipation, où les esclaves avaient la faculté de figurer; et par leur intermédiaire, la cité pouvait être rendue propriétaire. Mais il n'y avait point là d'excep-

tion à la règle *Nihil per extraneam personam adquiritur* : car, incapables d'avoir un patrimoine, les
esclaves n'acquièrent jamais rien pour leur propre
compte; ils fonctionnent comme intruments d'acquisition pour celui dont ils sont la propriété.

Il n'est pas indifférent de remarquer que ces deux
modes d'acquérir ne s'appliquent ni l'un ni l'autre aux
fonds provinciaux : cela limite considérablement leur
intérêt pour les municipes, dès l'époque classique. A
cette même époque, la faculté d'acquérir la possession
par l'intermédiaire d'un tiers, spécialement d'un mandataire conventionnel ou légal, avait eu pour conséquence de restreindre, dans une large mesure, l'application de la règle de la non-représentation pour l'acquisition de la propriété. En effet, supposons d'abord une
tradition faite par le véritable propriétaire : le jour où
la faculté de posséder fut reconnue aux cités, leurs
administrateurs furent en état de les rendre immédiatement propriétaires des *res nec mancipi* qui leur
avaient été livrées, puisque la simple tradition transfère
immédiatement le droit de propriété sur ces choses;
quant aux *res mancipi,* aux fonds italiques ou aux
esclaves, par exemple, la cité commençait de plein
droit à les usucaper. Si, au lieu d'émaner du véritable
propriétaire, la tradition avait été faite par un *non dominus*, la cité pouvait encore invoquer l'usucapion;
celle-ci ne s'appliquait qu'aux *res mancipi,* mais le préteur imagina bientôt la *præscriptio longi temporis* pour
protéger la possession de bonne foi des fonds provinciaux en mettant le possesseur à l'abri des évictions, et
les municipes profitèrent de cette innovation.

Sous Justinien, il n'y a plus que des *res nec mancipi,*

et l'usucapion est fondue avec la prescription pour ne former qu'une seule et même institution. Dans tous les cas, la tradition faite à un mandataire transmet la propriété au mandant, pourvu que ce dernier l'eût acquise, si la tradition avait été reçue par lui-même. Dès lors, le vieil adage, *nihil per extraneam personam adquiritur*, n'est plus qu'une formule inutile et démodée.

L'*adjudicatio* pouvait également se présenter pour les cités : rien ne s'opposait à ce qu'elles fussent engagées dans une instance *communi dividundo* ou *finium regundorum*; et dans l'un et l'autre cas, le juge pouvait prononcer une *adjudicatio* à leur profit aussi bien qu'à leur détriment. Cela dut se présenter fréquemment, lorsque les cités purent acquérir *per universitatem*, ce qui ouvrait pour ou contre elles l'action *familiæ erciscundæ* (9 D. Quod cujusc. univ. III, 4).

C'est une question controversée que de savoir si on doit, ou non, considérer l'accession comme un mode spécial d'acquérir la propriété en Droit Romain, mais quelle que soit la solution à laquelle on s'arrête, les cités pourront de toute manière profiter des avantages qui sont habituellement compris dans cette expression, et qui ne sont que la conséquence d'une propriété antérieurement acquise.

Nous avons vu plus haut que les immeubles des municipes pouvaient être grevés de servitudes et qu'inversement leur patrimoine pouvait s'enrichir de celles qui leur étaient concédées par des tiers. La mancipation réalisée par un esclave était le seul moyen pour une cité d'acquérir des servitudes prédiales rurales ; quant aux servitudes prédiales urbaines et l'usufruit,

elle ne pouvait les acquérir que par le legs *per vindi-
cationem*, et seulement le jour où le droit de profiter
de ce genre de disposition leur fut concédé. Ce système
ne facilitait guère, pour les municipes, les transactions
relatives aux servitudes ; aussi les réformes du préteur
en cette matière eurent un grand intérêt pour eux : en
créant la quasi- possession des servitudes, qui est, à
l'égard de ces droits réels, ce que la possession est à la
propriété, il permettait aux cités de les acquérir directement par une quasi-tradition passée avec leurs administrateurs, et d'invoquer en cas de nécessité la *longi
temporis præscriptio*.

En résumé, on peut dire que, pour les modes
d'acquérir à titre particulier, aucune dérogation ne fut
apportée au droit commun en faveur des cités.

§ 2. — *Modes d'acquérir à titre universel.*

Successions ab intestat. — Tant que les cités ne
purent conférer la qualité de citoyens romains à leurs
esclaves affranchis, ceux-ci vivaient dans une liberté de
fait, mais ils mouraient avec la condition des esclaves.
Les biens qu'ils détenaient, ou le pécule qui leur avait
été abandonné en même temps que la liberté, retour-
nait au municipe *jure peculii,* avec tous ses augments.
Ce pécule était-il grevé de dettes ? Le municipe était
tenu de l'action *de peculio,* mais il ne pouvait être
poursuivi que dans l'année utile, et condamné seulement jusqu'à concurrence de l'actif qu'il recueillait.
Remarquons du reste que la qualité de *servi publici*
emportait une tolérance pour ces esclaves, celle de
transmettre par testament une moitié de leur pécule ;

et il est vraisemblable qu'elle ne leur était point re-
tirée quand après un affranchissement irrégulier ils
avaient la condition de Latins Juniens, car nous ne
pouvons pas supposer que cette condition fût pire que
celle de l'esclave.

La loi *vectibulici,* qui reconnut légalement aux cités
le droit de patronage, eut pour conséquence de les
admettre à recueillir la succession ab intestat de leurs
affranchis, morts sans descendants naturels. Comme
ils n'était question pour elles d'aucun lien de parenté
naturelle ou civile, cette hypothèse était la seule où
elles pouvaient être héritières (2. D. De manum. XL. 3).

Successions testamentaires. — Les cités furent
longtemps incapables d'être instituées dans un testament : *Nec municipia, nec municipes,* disait encore
Ulpien, *heredes institui possunt, quoniam incertum
corpus est, ut neque cernere universi, neque pro herede
gerere possint ut heredes fiant* (Reg. XXII, § 5).

Si on va au fond des choses, on observera qu'il y
avait moins chez elles une incapacité, que l'impossibilité de recueillir l'hérédité, puisqu'il était de principe
que celle-ci ne pouvait être acquise par l'intermédiaire
d'aucun représentant. Mais la raison d'Ulpien, vraie
en ce qui concerne les *municipes,* ne l'est pas
pour les *municipia :* une personne incertaine est
celle dont le testateur ne peut se faire une idée précise (25 Instit. De leg. II. 20) ; or tel n'est pas le cas
d'un municipe. Nous signalerons cependant le raisonnement subtil par lequel M. de Savigny veut justifier
cette expression : à son avis, l'impeccable jurisconsulte
se serait servi des mots *incertum corpus* pour mieux

mettre en lumière qu'une cité ne peut directement faire acte d'héritier : « Une ville ne peut agir directement, car ayant une existence fictive en idéale, elle ne saurait avoir la capacité naturelle à un individu *(quoniam incertum corpus est)*, et dès lors, comme unité idéale *(universi)*, elle ne peut accomplir les actes nécessaires pour l'adition de l'hérédité *(cernere ou agere)* » (1).

Quoiqu'il en soit, un sénatusconsulte Apronien (2) permit aux affranchis des cités de les instituer héritières, et autorisa également celles-ci à recevoir d'autres hérédités par voie de fidéicommis. (Ulp. Reg. XXII, § 5 — 26 D. Ad sc. Treb. XXXVI. 1.)

Dans un de ses fragments (30 D. De vulg. et pup. XXVIII. 6.) Julien qui est antérieur à Ulpien, pose une hypothèse d'après laquelle un testateur aurait, pour une part déterminée, substitué une colonie à un de ses héritiers : M. Accarias croit pouvoir en conclure qu'une capacité absolue fut accordée à quelques cités ou colonies, soit par le sénat, soit par le prince (3). Cette capacité absolue, ou le droit de recueillir toute espèce de succession testamentaire, voire même toute libéralité, fut reconnue d'une façon générale, vers 469, par l'empereur Léon (12 C. De her. instit. VI. 24). Mais sa constitution n'aurait elle pas simplement consacré un droit préexistant, plutôt qu'introduit une innovation ? On s'est basé pour l'affirmer sur la loi 9 D. III. 4 (4) et sur ce que les fidéicommis ou les legs, énumérés dans la constitution précitée, étaient

(1) M. de Savigny. Traité de Droit Romain, t. 11, § 93, p. 295.
(2) D'après Cujas, rendu sous Marc Aurèle. (T. 1er de ses œuvres. Paris 1458, p. 332.)
(3) Traité de Droit Romain, t. Ier, § 328.
(4) Si tibi cum municipibus hereditas communis erit : familiæ herciscundæ judicium inder vos redditur......

depuis longtemps pratiqués en faveur des municipes. Cette argumentation n'est point péremptoire : d'abord, l'empereur Léon, en voulant accorder le droit de recueillir une succession testamentaire, a pu en profiter pour règlementer les autres dispositions faites aux cités ; et quant à la loi 9 elle ne saurait suffire, à notre avis, pour appuyer le système et n'établit rien de plus qu'une présomption.

Tout porte à croire que la loi 2, D. XXXIV. 5, écrite pour les legs et les fidéicommis, fut appliquée à l'institution d'héritier elle-même, et que la disposition, qui instituait tous les citoyens d'une ville, fut tenue pour valable et réputée faite au profit de la ville elle-même. Mais c'était là une grave dérogation aux principes du droit commun, car cette disposition s'adressait à des personnes incertaines.

Les municipes faisaient adition par l'intermédiaire de leurs administrateurs, *duumviri* ou *curatores reipublicæ*. Ils n'étaient soumis sur ce point à aucune tutelle de la part des présidents de province ; seulement si l'hérédité acceptée devenait pour eux une source de préjudice, ils pouvaient réclamer la *restitutio in integrum*.

Bonorum Possessiones. — La *Bonorum possessio* a toujours été à la portée des municipes : en effet, on a toujours pu l'acquérir par l'intermédiaire d'un mandataire ou d'une personne ayant le pouvoir légal d'agir au nom de l'intéressé ; la demande formée par un tiers était même suffisante, pourvu qu'elle fût ratifiée, tandis que la répudiation n'était valablement faite que par un mandataire ayant qualité.

Mais tant que les cités furent incapables de recueillir une succession, il leur fut impossible de profiter de cette nouvelle création du préteur ; et jusqu'à la constitution de l'empereur Léon, les textes qui reconnaissent aux cités le droit de réclamer ce bénéfice se rapportent à la succession ab intestat ou testamentaire de leurs affranchis. (3 § 4, D. De Bon. Pos. XXXVII. 1. — 1 § 1, D. XXXIII. 3.)

Pour déterminer quelle *bonorum possessio* la cité devait demander, il fallait rechercher s'il y avait ou s'il n'y avait pas de testament. Dans cette dernière hypothèse, la *bonorum possessio unde legitimi* pouvait seule se présenter. Si, au contraire, il y avait un testament et que la cité y était instituée, elle pouvait avoir intérêt à demander la *bonorum possessio secundum tabulas,* quand, par exemple, le testament était valable d'après les règles admises par le préteur ; enfin la *bonorum possessio contra tabulas* lui était ouverte dans les mêmes conditions qu'à un patron ; c'est-à-dire si elle n'avait pas été instituée pour la moitié et que son affranchi mourait sans descendants naturels, ou après les avoir tous exhérédés pour un juste motif.

La *bonorum possessio* était demandée, au nom de la cité, soit par un *actor*, nommé par la curie, soit par toute autre personne ; au besoin elle lui était décernée d'office par un décret du préteur.

§ 3. — *Legs et fideicommis.*

M. de Savigny admet que le peuple romain était capable de recevoir des legs (1). Cela est parfaitement

(1) Traité de Droit Romain t. II, p. 299.

plausible, car la validité d'une disposition de ce genre faite au *populus* pouvait tenir à la nature toute spéciale de cette personne morale. Les municipes, qui relevaient de son empire, furent assez longtemps avant de jouir du même avantage.

Leur incapacité reposait sur deux raisons : la première, c'est que les jurisconsultes romains les considéraient à tort comme des personnes incertaines ; l'autre, plus exacte, est qu'ici, comme en face d'une hérédité testamentaire, elles rencontraient un obstacle insurmontable dans l'impossibilité où elles étaient de faire adition sans le secours d'un tiers. Cette barrière disparut le jour où la théorie des Sabiniens triompha : en effet, à la différence des Proculiens, qui voulaient que la chose léguée fût *res nullius* jusqu'au moment de l'adition, les Sabiniens décidaient qu'elle appartenait au légataire, même à son insu, dès l'instant du décès ; son adition ne faisait que rendre son droit plus solide, au lieu que la répudiation le dépouillait rétroactivement.

Il semble que dans ce système rien n'eût dû s'opposer à ce que les legs adressés aux cités leur parvinsent, néanmoins leur incapacité persista jusqu'à Nerva, qui les admit à recueillir ces libéralités (Ulp. Reg. XXIV, § 28). Cette innovation, réglementée de nouveau et avec plus de soin par Hadrien, constitua un un privilège, car c'est seulement plus tard que les collèges, et en général toutes les autres personnes morales, reçurent la même faveur.

Sous Marc-Aurèle, la capacité de recevoir des legs fut reconnue aux *vici* en vertu d'un rescrit (73 § 1 D. De leg. XXX) ; Ulpien va même plus loin et déclare parfaitement valable le legs fait à un quartier d'une ville, quand celle-ci y trouve un avantage, ou qu'il en résulte un embellissement pour elle (32 § 2 ibid.) On ne recula bientôt plus devant aucune mesure pour encourager les dispositions testamentaires qui s'adressaient aux cités : c'est ainsi que Marcellus déclare qu'il faut considérer comme un legs fait au municipe lui-même, la disposition par laquelle un testateur ordonne à son héritier d'élever dans sa ville natale un portique, où seront placés des bas-reliefs d'or et de marbre (1).

Jusqu'ici, nous n'avons pas distingué entre les diverses espèces de legs ; il est pourtant difficile de savoir si l'ancienne prohibition s'étendait indistinctement à toutes. Le texte d'Ulpien (XXIV, § 28, Reg.) laisse le champ libre à toutes les suppositions. Aussi Dirksen (2) prétend que les villes ont toujours pu recevoir un legs *per damnationem*. D'un autre côté, Pline le Jeune, qui vécut après Nerva, dit dans une de ses lettres (V. 7) : « *Nec heredem institui, nec præcipere posse rempublicam constat.* » Si on accepte la véracité de ce texte — et il est difficile de ne pas l'accepter, — il faut l'interpréter à la lettre et ne l'appliquer qu'au legs *per præceptionem ;* du reste, on sait que ce legs ne pouvait s'adresser qu'à un héritier ; or à l'époque où vivait Pline, il n'était pas encore permis d'instituer une cité dans son testament. Mais alors, il faut admettre avec M. Houdoy (3), que le sénatusconsulte Néronien, en vertu duquel tout legs, nul à raison de l'impropriété de sa formule, vaudrait

______

(1) Cf. 6 § 2 D. De auro arg. XXXIV, 2. — Adde : 2 D. De reb. dub. XXXIV, 5.

(2) Cité par M. de Savigny, qui n'accepte pas son système. (Traite de Droit Romain II, p. 299).

(3) Houdoy. Op. cit. p. 138.

désormais comme legs *per damnationem,* ne s'appliquait pas encore au legs *per præceptionem.*

Quant aux fidéicommis, ils ne furent jamais soumis à des formules sacramentelles, et s'adressèrent longtemps aux personnes incapables de recevoir par testament; juridiquement, les héritiers ne furent point tenus de les exécuter, jusqu'au jour où Auguste, en créant le *prætor fideicommissarius,* pour trancher les difficultés que ces dispositions soulevaient, les eût par là même sanctionnées et leur eût donné la force d'un véritable lien de droit (1). Il est donc permis d'admettre qu'on put toujours les faire en faveur des cités; d'ailleurs la loi 12 D. XXXVI, 4 semble en parler comme d'un usage toujours reconnu; mais c'est le sénatusconsulte Apronien qui rendit ces fidéicommis obligatoires.

Si le fidéicommis était à titre universel, l'hérédité était restituée au municipe en vertu du sénatusconsulte Trébellien, et celui-ci était investi activement et passivement des actions héréditaires. Au contraire, quand le fidéicommis était à titre particulier, il y avait lieu à des stipulations réciproques entre l'héritier et le municipe; faute par ce dernier de remplir son obligation, l'héritier était envoyé en possession, et si c'était l'héritier qui était en faute, le préteur, par un *remedium extraordinarium,* envoyait en possession l'*actor* de la cité (12 D. XXXVI, 4).

Quand le legs laissé à une cité a pour objet une somme d'argent, le *curator civitatis* doit se conformer pour son emploi à la volonté du testateur, pourvu que

_____

(1) Accarias. Précis de Droit Romain, t. II, § 405.

celui-ci ait imposé une destination quelconque (1 D. De adm. rer. L. 8); et la plus grande liberté lui est laissée sur ce point : *Si quid relictum est civitatibus, omne valet* (117 et 122 pr. D. XXX). Si l'emploi n'a pas été déterminé, la somme doit être affectée à la restauration des monuments (5, § 1. De adm. rer.)

Mais ces règles ne furent pas d'une rigueur absolue : ainsi, quand le legs a subi une réduction en vertu de la loi Falcidie, on emploiera la somme dont la destination ne pourrait plus être suivie, à ce qui sera le plus utile à la cité (4 De adm. rer.); ici la dérogation est en quelque sorte nécessaire, mais ce texte même et d'autres encore prouvent amplement que cette nécessité fut loin d'être exigée, pour qu'il y eut lieu d'écarter l'intention du défunt (7 pr. D. De oper. publ. L. 10. — 16 D. De usu et usuf. XXXIII, 2).

C'est toujours au *curator reipublicæ* qu'il appartient de poursuivre la délivrance des legs et des fidéicommis faits à une cité, et il doit, dans l'accomplissement de cette mission, apporter toute diligence. C'est ainsi qu'il doit, sous sa responsabilité, recevoir les cautions des héritiers qui sont tenus d'en fournir (2 C. De adm. rer. XI, 30), et, en cas de retard, faire déterminer par le président de la province un délai passé lequel les héritiers devront payer des intérêts moratoires, si le testateur n'a pas eu la précaution de le fixer lui-même (5 D. De op. pub. L. 10).

CHAPITRE V

Droits personnels des municipes.

Capables d'avoir un patrimoine, les municipes sont susceptibles de droits et d'obligations : c'est un des attributs de la personnalité civile.

Leur qualité d'êtres purement abstraits et de création légale les prive de tous les droits qui portent exclusivement sur les personnes libres, tels que les droits de famille ; et si par exception, nous les avons vus jouir des *jura patronatûs,* cela tient à un rapport intime que ces droits ont avec les biens, dont les esclaves font partie, tant qu'ils n'ont pas été affranchis. Il n'en est plus de même quand les droits qu'on peut avoir vis-à-vis des personnes ont pour objets des choses, quand ce sont des *jura ad res,* les droits de créance actifs et passifs. Ceux-là, rien n'empêche plus les cités d'en avoir.

La loi 7 § 1 D. III, 4, prend soin de nous dire que les créances et les dettes d'une *universitas* ne sont pas celles de ses membres : ce qui est dû par la cité n'est dû que par elle seule ; inversement, ce qui lui est dû, ne l'est qu'à elle seule et non à chacun des membres.

Pour savoir comment elle peut acquérir ces droits personnels, il suffit de passer en revue les sources ordinaires des obligations ; notre division serait donc tout indiquée : d'une part, les contrats et les quasi-contrats ; de l'autre, les délits et les quasi-délits ; mais par suite d'une dérogation originale, il y a pour les municipes une source toute spéciale de créances, ce sont les pollicitations. Elles feront l'objet d'un paragraphe distinct.

§ 1. — *Contrats et quasi-contrats.*

Dans le Droit Romain primitif, il était rare qu'un droit personnel, dérivant d'un contrat ou d'un quasi-contrat, tombât directement dans le patrimoine d'une cité. La représentation étant impossible, ses magistrats n'avaient d'autre ressource que d'agir en leur nom personnel quand ils avaient en vue ses intérêts à elle : *Nemo alteri stipulari potest ; nemo alienum factum promittere potest.* Cette procédure entraînait de grosses complications, mais des tempéraments vinrent peu à peu la simplifier. Ils furent surtout l'œuvre du préteur, qui, à l'aide de ses actions utiles, introduisit dans cette matière d'importantes modifications.

Stipulation. — Cette latitude ne lui fut pas laissée ici : les Romains ne voulurent jamais renoncer à la solennité bizarre de ce contrat, dont la formule, si surannée qu'elle nous paraisse aujourd'hui, avait au moins l'avantage de préciser avec une netteté parfaite, par une interrogation et une réponse, l'étendue exacte de l'obligation. Aussi la bonne foi resta-t-elle toujours rigoureusement exclue de son interprétation. Qui ne pouvait en prononcer les *verba* était incapable de devenir créancier en vertu d'une stipulation, et aucune autre personne ne pouvait les prononcer pour lui. L'administrateur d'une cité est donc impuissant à rendre celle-ci créancière ou débitrice *ex stipulatu.* Il avait, pourtant, un moyen d'en manifester clairement l'intention, sans rendre le contrat nul, à condition de greffer sur l'intérêt principal de la cité un autre accessoire pour lui-même. Cela se produisait sous la forme ordinaire de la stipulation *pœnæ :* le débiteur y promettait d'effectuer une prestation au profit d'un municipe et s'engageait, faute par lui de remplir son obligation, à payer une *pœna* au curateur qui la stipulait pour lui-même.

La cité n'avait qu'un moyen de devenir directement créancière *ex stipulatu,* c'était par l'intervention de ses esclaves. En prononçant les paroles sacramentelles, soit au nom de la cité, soit pour eux personnellement, ils lui acquéraient de toutes façons le bénéfice de la stipulation. Ce mode de représentation nécessaire était d'ailleurs bien rudimentaire, puisqu'il ne donnait pas à la cité la faculté de s'obliger par le même procédé.

La loi 10 D. III. 4, recommande d'y avoir recours dans certaines stipulations à recevoir pour le compte de la cité, comme la *cautio legatorum* ou *damni infecti.* Mais elle apporte en outre une importante dérogation aux anciens principes, car elle décide que si ces mêmes stipulations ont été reçues par l'*actor,* la cité aurait une action utile pour en obtenir directement l'exécution.

Contrats réels. — Deux de ces contrats, le *pignus* et, plus principalement, le *mutuum,* présentaient pour les cités un intérêt capital. Quand une ville avait besoin d'emprunter une somme d'argent, il fallait avoir recours au *mutuum,* qui est, en Droit romain, la forme normale du prêt de consommation ; on pouvait aussi, au moyen de ce même contrat, faire valoir ses capitaux disponibles.

Aucune solennité n'est requise pour la naissance du *mutuum ;* la seule condition qui soit exigée c'est la prestation de la somme, objet de la convention, et que l'*accipiens* doit restituer, car c'est la *res* qui engendre l'obligation. Quand ce contrat est passé au nom d'une cité, ses administrateurs y remplissaient, en fait, le rôle de *tradens* ou d'*accipiens,* et nous ne doutons pas qu'à l'origine la qualité de créancier ou de débiteur se reposait sur eux. Mais puisque les deniers appartenaient à la cité, ou devaient tomber dans sa caisse, il était naturel de reconnaître qu'en réalité c'était elle qui devenait créancière et débitrice, et de ne pas s'arrêter à cette considération que la *mutui datio* était opérée par l'intermédiaire d'un tiers. Rationnellement, il suffisait d'exiger que la tradition eût lieu avec l'intention de faire naître l'obligation à la charge du municipe ou à son profit (1).

Toutefois, si celui-ci n'était obligé que par la réception des deniers, il était logique de limiter l'étendue de sa dette à la mesure du profit qu'il avait retiré du prêt. C'est ce que prend soin de déclarer la loi du 27 D. XII. 1 : « *Civitas mutui datione obligari potest, si ad utilitatem ejus pecuniæ versæ sint : alioquin ipsi soli, qui contraxerunt, non civitas tenebuntur.* »

Ainsi que le fait remarquer Doneau (2), c'est au demandeur qui prétend avoir prêté à la cité telle somme d'argent, à prouver l'existence du profit retiré par

(1) Cf. De Savigny. Traité des obligations, t. II, p. 212.
(2) Doneau. OEuvres complètes, t. XI, p. 425, § 10.

elle. Il prouvera par exemple que la somme servit à payer une dette, à libérer un bien donné en gage, qu'elle fut employée pour une acquisition, ou pour effectuer certains travaux déterminés. Doneau ajoute qu'il ne suffirait pas de faire valoir des présomptions tirées de la qualité du magistrat qui a reçu la somme, ni du besoin de numéraire où se trouvait le municipe, ni même de ce que la somme aurait été comptée en présence de l'*ordo decurionum*.

Lorsque, faute d'avoir pu faire sa preuve, le demandéur échoue, et qu'une sentence d'absolution est rendue au profit de la cité, il a toujours un recours contre ceux avec lesquels il a contracté.

Contrats consensuels. — Deux de leurs principaux caractères sont d'être des contrats de bonne foi et d'être soumis aux règles du droit des gens. Ceux-là méritaient donc d'être accessibles à la représentation. Du reste, l'usage de voies détournées, si fréquent en Droit Romain ne paraît guère pratique ici : comment dans la vente et le louage, faire abstraction de la cité propriétaire ? Sans doute la validité de la vente de la chose d'autrui permettait aux magistrats de contracter relativement à des biens sur lesquels ils n'avaient aucun droit, mais la perspective d'avoir à supporter personnellement les obligations qui allaient naître, celle de garantir, par exemple, ne devait guère les y pousser. Le préteur, en sanctionnant par ses actions utiles la vente et le louage passés par les curateurs des cités, sous leur responsabilité du reste, a donc compris la nécessité qu'il y avait à les protéger spécialement, ainsi que les tiers qui traitaient avec eux. D'ailleurs nous n'hésitons pas, quant à nous à considérer ces contrats comme virtuellement compris dans le *quod naturaliter adquiritur* de Modestin. (53. D. De adq. rer. XLI. 1.)

Relativement à la vente, nous avons tranché ailleurs la question de savoir si les biens des cités étaient aliénables. Quant au louage, il était pour l'administration des immeubles municipaux d'un usage continuel. Les immeubles loués prenaient le nom d'*agri non vectigales* ou d'*agri vectigales,* suivant qu'ils étaient soumis aux baux habituellement pratiqués par les particuliers, ou aux baux à longue durée. Ceux-ci, après l'empereur Zénon, firent place à l'emphytéose, appliquée d'abord à des domaines non défrichés, mais bientôt aussi aux domaines cultivés et aux propriétés bâties.

Ceux qui participaient à l'administration des biens d'une cité ne pouvaient jamais les prendre à bail, ni par eux-mêmes, ni par personnes interposées ; mais ils pouvaient continuer le bail qu'ils avaient recueilli dans la succession d'un *conductor* (1).

Spécialement chargé de louer les immeubles de la cité, le *curator reipublicæ* le fait ordinairement sous sa seule responsabilité et sans avoir d'autorisation à demander. Mais il doit exiger du preneur des garanties sérieuses. A ce titre, la loi de Malaga énumère les *prædes,* les *prædia* et les *cognitores prædiorum* (2). Les *prædes* sont des cautions qui s'engagent vis-à-vis de l'Etat ou d'une cité sur une interrogation du magistrat.

---

(1) Cf. 4 et 6, § 2. D. De décur. L. 2. — 2. § 1. D. De adm. rer. L. 8.
(2) Cf. Laboulaye, Lois de Malaga, ch. XLIV et XLV : Voies d'exécution contre les *prædes,* les *prædia* et les *cognitores prædiorum.*

Les *præbia* sont les valeurs ou les immeubles que ces mêmes personnes morales reçoivent à titre de gage. Quant aux *cognitores prædiorum*, ce sont ceux qui viennent garantir la valeur des choses données en gage ou en hypothèque.

Pactes. — Les pactes diffèrent des contrats consensuels en ce qu'ils ne donnent naissance à aucune action et n'ont pas la force suffisante pour en éteindre une existante : *Ex pacto actio neque nascitur, neque tollitur*. Mais, à ce principe, le droit civil et surtout le droit prétorien apportèrent d'importantes exceptions. Sur ce point, les cités furent soumises au droit commun.

Elles profitèrent de l'action *præscriptis verbis*, quand la jurisprudence l'inventa pour sanctionner certains pactes qui devinrent les contrats innomés, et parmi lesquels figurent l'échange et la transaction. Enfin, comme il le fit pour les contrats consensuels, le préteur leur donna des actions utiles pour sanctionner les pactes passés par leurs administrateurs; Ulpien en pose la règle pour le pacte de constitut dans la loi 5 § 9 D. XIII. 5.

Nous devons cependant signaler un important privilège que les municipes reçurent en cette matière, et qui dérogeait du droit commun : les intérêts purent courir à leur profit en vertu d'un simple pacte, pour les sommes qui leur étaient dues. (30 D. De usur, XXII. 1.)

Quasi-Contrats. — Ce qui caractérise l'obligation née *quasi ex contractu*, c'est de se former indépendamment de tout consentement tendant à lui donner naissance. A ce titre les cités deviendront créancières ou débitrices, par l'effet de l'indivision, par le paîment de l'indu et principalement par la gestion d'affaires.

Par suite de l'impossibilité où elles étaient d'être représentées, leurs magistrats apparaissent plutôt comme des *negotiorum gestores*, dont ils subissaient les obligations et la responsabilité. Il est facile de remarquer, du reste, avec quel soin les textes évitent d'assimiler au mandat l'hypothèse où une personne se charge de gérer une ou certaines affaires pour un municipe, même quand elle en reçoit l'ordre du sénat ou bien des magistrats. Les jurisconsultes semblent n'avoir jamais vu là qu'une gestion d'affaires proprement dite (1); mais peut-être ont-ils été victimes d'une confusion où les aurait amenés une fidélité aveugle pour leur principe de la non-représentation.

En tous cas, magistrat ou non, le gérant est soumis à l'obligation de rendre compte, et le chapître LXXX de la loi de *Genetiva*, qui prévoit l'hypothèse, fixe pour l'accomplissement de cette obligation un délai de 150 jours à partir de l'achèvement du *negotium*, ou de l'abdication qu'en aurait faite le gérant (2).

§ 2. — *Pollicitations.*

En principe, pour qu'une personne soit engagée vis-à-vis d'une autre, en Droit Romain, il faut nécessairement une convention, c'est-à-dire un consentement réciproque. Cette condition ne suffit pas toujours pour engendrer une action, mais elle suffit tout au moins

______

(1) Cf. à titre d'exemples : 6. § 1. Quod. cuj. un. III. 4. — 46. § 1. D. De. adm. et per. XXVI. 7.

(2) Cf. M. Giraud, Nouveaux bronzes d'Osuna, p. 57.

pour créer un rapport de droit, par exemple au moyen d'un pacte. La pollicitation n'est, au contraire, qu'une simple promesse qui n'est point acceptée, aussi n'entraîne-t-elle aucun lien, aucune obligation ; elle manque, en effet, d'une condition nécessaire, le consentement réciproque. (3. pr. D. De pol. L. 12.)

Ce principe subit une restriction considérable dans le cas où la pollicitation s'adresse à un municipe. Elle engendre alors un rapport de droit entre la personne qui promet et le municipe, et elle confère même à ce dernier une action pour obtenir l'exécution de la promesse. Ce privilège dut s'introduire de bonne heure ; il tendait à éviter le grave inconvénient qui résultait de l'incapacité des cités et de l'impossibilité de les représenter. Rendre obligatoires les pollicitations qui leur seraient faites, c'était apporter un remède à l'impuissance où elles se trouvaient de devenir créancières au moyen d'une stipulation, si ce n'est par l'intermédiaire, toujours un peu gênant, des esclaves.

Toute pollicitation n'était cependant pas indifféremment obligatoire ; et les textes distinguent suivant qu'elle a ou non reçu un commencement d'exécution.

Première hypothèse : La promesse n'a pas reçu de commencement d'exécution. — Dans ce cas, pour rendre la cité créancière, il faut, qu'elle ait une juste cause (1. § 1), et parmi les faits qui peuvent constituer cette juste cause, les textes (4 et 1, § 1) citent l'intention de réparer les conséquences d'un désastre quelconque, incendie ou tremblement de terre, par exemple, et l'obtention des honneurs, source probablement la plus féconde des pollicitations obligatoires. En effet, une multitude d'inscriptions nous rappellent aujourd'hui que des monuments furent élevés, ou de grands travaux publics entrepris aux frais de quelque personnage aussi généreux qu'ambitieux de conquérir les suffrages de ses concitoyens. Rien, du reste, ne le forçait à faire cette libéralité dans son intérêt exclusif, la pollicitation n'en était pas moins obligatoire, quand elle était intervenue en faveur d'autrui ; et un empereur prit la peine de déclarer dans un rescrit que cette règle s'appliquait encore lorsque la promesse avait été faite par une femme. (6, § 2.)

Sans doute, les magistratures municipales ne furent pas toujours si recherchées, car la loi 12, § 1 mentionne le cas d'un individu, qui pour être dispensé des honneurs, voulut faire une libéralité à sa cité, mais Antonin fut peu touché de cette abnégation, et il le contraignit dans son rescrit à exécuter sa pollicitation, sans cependant lui épargner la peine de remplir les fonctions auxquelles il serait élu.

Deuxième hypothèse : La promesse a reçu un commencement d'exécution. — Cette circonstance rendait inutile l'examen de l'intention du promettant. Sa promesse eût-elle été faite *sine causâ,* le commencement d'exécution la rendait de plein droit obligatoire, et mettait son auteur en demeure de l'exécuter complètement. Il est du reste impossible de fixer un critérium précis, pour déterminer quand telle pollicitation passait pour avoir reçu un commencement d'exécution : cela dépendait des circonstances ; mais il fut admis que si, après la promesse faite d'une somme d'argent, des travaux publics avaient été entrepris et commencés, cette somme d'argent devenait par là même exigible (1 § 4).

Dès que le monument ou le travail était achevé, l'auteur de la pollicitation cessait de supporter les conséquences des cas fortuits survenus postérieurement ; mais jusque-là rien ne pouvait le dispenser de terminer ce qu'il s'était engagé de faire construire (1 § 6). En effet, c'est le monument lui-même qui fait l'objet de l'obligation, et les empereurs Antonin et Verus ont défendu, par un rescrit, qu'on contraigne le débiteur à se libérer en versant une somme d'argent (13 pr.) Une exception fut cependant admise pour le cas où il aurait subi des revers de fortune : en pareil cas, on lui permet de se dégager de sa promesse à condition de laisser à la cité le cinquième de son patrimoine.

En définitive, ces policitations ne sont que des donations ; par conséquent la promesse de donner qui, faite entre particuliers, ne figure pas parmi les contrats et ne confère par elle-même aucun droit ni aucune action, peut devenir obligatoire par cela seul qu'elle est faite par un particulier à une ville. Il fallait, pour apporter une dérogation si considérable aux règles ordinaires, entourer d'une bien grande faveur les donations qui s'adressaient aux cités, seules *universitates* pour qui elle ait été admise.

Cette considération nous porte à croire que ces donations durent échapper à l'application de la loi *Cincia*, au temps où elle était en vigueur. Ce sont des actes d'une nature particulière, soumis à des principes qui leur sont propres, et complètement en dehors du droit commun, puisque, au Digeste, ils font l'objet d'un titre spécial. Par conséquent, l'auteur d'une pollicitation, dont les administrateurs réclameraient l'exécution, ne serait pas en droit d'opposer l'*exceptio legis Cinciæ*, lorsque le montant de sa promesse excéderait le *modus*.

Ce n'est là pourtant qu'une conjecture, et nous devons bien reconnaître qu'elle a quelque chose de téméraire : car, si on admet que la loi *Cincia* a eu pour but d'éviter que le donateur fût la victime d'entraînements irréfléchis, c'était bien le cas d'en faire ici l'application. D'autre part, il est certain que les cités ne furent point comprises parmi les *personæ exceptæ ;* seulement il est permis de répondre à cela qu'il n'y avait pas lieu de les nommer, puisqu'elles jouissaient déjà de privilèges spéciaux.

En principe, l'obligation du promettant aurait dû se transmettre intégralement à ses héritiers, mais cela n'était exact que quand la pollicitation avait eu pour motif un honneur (6 pr.). Même dans cette hypothèse, les héritiers étaient dispensés de payer la somme promise, si leur auteur était mort avant d'avoir été admis à la magistrature qu'il briguait ; à moins que, de son vivant, cette promesse eût été l'occasion de travaux publics déjà commencés, auquel cas les travaux étaient achevés aux frais des héritiers (l. 11). Toutefois une constitution de Trajan permit à ceux-ci de se libérer de cette obligation de continuer les travaux en abandonnant à la cité le cinquième de la succession qu'ils recueillaient, et Antonin réduisit cette part au dixième en faveur des descendants (l. 14).

La loi 13 § 1, qui ne soulève point de difficulté, décide que toute condition apposée à la donation faite à une cité doit être observée à moins que cette condition ne menace de lui causer un préjudice.

§ 3. — *Délits et quasi-délits.*

Les cités peuvent certainement devenir créancières
à l'occasion de délits ou de quasi-délits qui leur ont
causé préjudice. Elles se feront indemniser conformément aux règles du droit commun.

Le vol de leurs deniers leur ouvre, de même qu'à
toute personne, l'*actio furti* et la *condietio furtiva*.
Quand il s'agissait de deniers du peuple romain ou
d'objets consacrés au culte, la loi *Julia de peculatû*
punissait l'auteur de la peine de mort, s'il était magistrat ou complice d'un magistrat, et de la déportation
s'il n'avait point cette qualité ; or un fragment de Marcien (4 § 7 D. Ad. leg. Jul. XLVIII, 13) nous apprend
qu'une constitution des empereurs Trajan et Hadrien a
étendu l'application de cette loi *Julia* au vol des deniers d'un municipe ; tandis qu'un texte de Papinien
81 D. De furtis, XLVII, 2) dit en termes formels : « *Ob
pecuniam civitati subtractam, actione furti non crimine peculatûs tenetur.* » Plusieurs systèmes ont
essayé de concilier ces deux textes essentiellement
contradictoires.

Cujas estime que le texte de Papinien se réfère à la
loi *Julia de peculatû,* tandis que la loi 4 signale une
innovation, introduite par la constitution impériale, et
qui frappe le vol des biens municipaux des pénalités
édictées par la loi *Julia.* A l'appui de son système, le
savant interprète invoque le soin apporté par Marcien
à faire ressortir cette décision des empereurs (1).

(1) Cujas, Commentaire des Réponses de Papinien, tome II des
Œuvres posthumes (Paris, 1458), p. 15.

Alciat, dont Cujas nous transmet le système, tourne la difficulté et transforme la loi 81 en y ajoutant une négation : *« actione furti necnon crimine peculatûs tenetur. »*

Enfin Pothier (1) fait ressortir que Papinien, dont les *responsa* ont fourni la loi 81, n'a pas pu ignorer le droit en vigueur, et surtout répondre contrairement aux constitutions impériales à la question qu'on lui posait. Par conséquent le texte ne nous a pas été transmis dans sa rédaction exacte, et il faut ou bien adopter la modification proposée par Alciat, ou bien y voir, avec Bynkershoëk, une transposition de mots et restaurer le texte de cette manière : *« crimine peculatûs, non actione furti; »* *non* devant être entendu dans le sens de *non tantum* qu'on lui trouve dans plusieurs lois (2).

Ce raisonnement ne manque pas de logique, mais il ne repose que sur des présomptions, et le système de Pothier n'est guère moins arbitraire que celui de Cujas. En réalité, il est impossible de concilier deux propositions qui sont aussi contradictoires, *cum una negat altera affirmet* (3).

Une question plus intéressante à résoudre et qui a prêté matière à controverse, est celle de savoir dans quelle mesure les cités peuvent devenir débitrices *ex delicto* et *quasi ex delicto*.

____

(1) Pothier, Pandectes (Paris, 1821), t. III, p. 421, note 6.

(2) Notamment dans les lois 5 § 2 et 1 § 4 D. XLVII, 5.

(3) Osuald Hilliger, qui a annoté les œuvres de Doneau, soutient sans apporter aucun argument que le vol des deniers municipaux n'entraine pas le *crimen peculatûs*, et n'admet pas que la constitution d'Hadrien y ait appliqué la loi *Julia*. Donelli opera omnia, IV, p. 262, note 8. — Cf. une constitution du Bas-Empire, 1 C. IX, 28.

Un certain nombre d'interprètes soutiennent qu'en Droit Romain les cités, ou, si on veut élargir le débat, toutes les personnes morales en général, avaient été reconnues capables de commettre des délits, et susceptibles d'encourir certaines peines, telles que la privation de leurs privilèges et la suppression de leur personnalité. Il faut repousser leur système.

Pour affirmer que les municipes encoururent des peines, on invoque les exemples devenus classiques de Capoue et de Carthage, avec cette concession, de la part de quelques auteurs, qu'il y avait là une pénalité spéciale, infligée par un juge extraordinaire. On arrive par ce raisonnement à détourner les mots de leur véritable signification : sans doute, il est incontestable que ce soit un châtiment, mais de là jusqu'à dire que les jurisconsultes romains y ont vu une peine dans le sens juridique du mot, il y a loin; aucun d'entre eux n'a présenté sous un pareil aspect ces répressions auxquelles la vengeance romaine soumit ces malheureuses cités, coupables d'avoir tenté de secouer le joug de la métropole : en réalité, il n'y a là que des actes politiques, où Rome usait de sa souveraineté ou de sa puissance, et c'est une subtilité que d'en déduire un rapprochement avec la responsabilité pénale.

Il est tout aussi inexact que la jurisprudence romaine ait admis chez les personnes morales, la faculté de commettre des actes criminels. Sans aller jusqu'à dire qu'elle ait nettement dégagé les principes fondamentaux du droit pénal, qui s'applique à l'homme seul et non pas à des abstractions, il est impossible d'admettre qu'après avoir apporté tant d'hésitation à introduire la représentation en matière de contrats, elle l'ait acceptée *de plano* en matière de délits. Personne n'ignore, en effet, que la cité n'agit jamais : pour manifester sa vie juridique elle doit emprunter le concours ou l'activité des personnes physiques; par elle-même, elle est impuissante d'avoir une volonté, et celle exprimée par tous ses habitants n'y suppléerait point. La loi 19 D. L. 1, dit bien : « *Quod major pars curiæ effecit, pro eo habetur ac si omnes egerint;* » mais d'abord son application peut se restreindre à l'hypothèse d'une délibération licite, et, quand même on repousserait cette restriction, le texte n'établit point qu'il faille imputer à la personne morale l'acte illicite de ses représentants.

Le système que nous repoussons a surtout essayé de s'appuyer sur un fragment d'Ulpien (9 § 1 D. Quod met. IV, 2), où le jurisconsulte déclare que les violences exercées par un *populus*, un *collegium*, donnent lieu à l'action *quod metûs causâ* (1). Cet argument n'est nullement péremptoire : car il ne faut pas oublier que cette action est ouverte contre quiconque a profité des violences; et c'est à cette règle qu'il est fait allusion dans ce texte, qui tranche donc une question de responsabilité civile et non pas de culpabilité; d'ailleurs, en acceptant cet argument, on risque de mettre Ulpien en contradiction avec lui-même, qui, dans la loi 15 § 1 D. IV, 3, dit catégoriquement : « *Quid enim municipes dolo facere possunt?* »

Cette question de la responsabilité pénale des municipes n'a pour nous qu'un intérêt purement doctrinal; nous croyons qu'en réalité elle n'a guère agité la

(1) Animadvertendum autem, quod prætor hoc edicto generaliter et in rem loquitur, nec adjicit, a quo gestum; et ideo site singularis sit persona, quæ metum intulit, vel populus, vel curia, vel collegium, vel corpus : huic edicto locus erit.

jurisprudence romaine, car les textes en laissent transpirer si peu de chose, qu'il est permis de se demander si les jurisconsultes l'ont même soupçonnée.

Nous n'en dirons pas autant de la responsabilité civile ; il est vrai qu'elle n'a pas reçu toute l'extension qu'on lui donne dans le droit moderne, mais le principe sur lequel elle s'appuie a toujours été reconnu dans la législation romaine.

Aujourd'hui, une commune, en cela soumise au droit commun, peut être condamnée à réparer tout le dommage causé par ses administrateurs ou par ses employés, lorsque, dans l'exercice de leurs fonctions, ces administrateurs ou ces employés ont causé un préjudice à autrui. En Droit Romain, les fautes commises contre des tiers par les magistrats d'une cité ne peuvent réfléchir sur celle-ci que dans les limites du bénéfice retiré par elle, de l'*in rem versum*.

Il arrive fréquemment que, sur une obligation *ex delicto*, une autre bien différente vient se greffer, obligation *ex re* qui tend aussi à réparer dans une certaine mesure le préjudice résulté du délit, mais qui a moins pour cause le délit lui-même, que l'enrichissement qui en a été la suite pour un tiers, le *quod ad aliquem pervenit*. C'est cette obligation qui retombe sur les cités, lorsqu'un de leurs fonctionnaires a commis un délit ou s'est rendu coupable d'un dol. (15 § 1, D. IV, 3). Dans ce dernier cas, par exemple, si lui seul peut-être poursuivi par l'action *de dolo*, la victime aura contre la cité l'action *in factum*, donnée contre toute personne qui a profité du dol de son représentant ou de son mandataire. La cité se trouvera ainsi contrainte de restituer la somme ou le bien dont elle s'est enrichie, mais cet enrichissement sera l'unique mesure de son obligation, quel qu'ait été le préjudice éprouvé.

Dans cette étroite limite, la cité pourra se trouver également tenue à raison du délit commis par ses habitants. Sur ce point, il n'est apporté aucune exception au droit commun, et c'est à tort qu'on a voulu trouver dans la loi 9 § 3, in fin. D. IV, 2, une règle spéciale aux cités. Dans ce fragment, Ulpien met en scène les habitants d'un municipe, qui, à l'aide de violences, avaient arraché d'un tiers une pollicitation en faveur de ce municipe ; un rescrit autorisa le tiers à demander la *restitutio in integrum* au préteur, et celui-ci dans sa décision déclara que ce tiers pouvait à son gré ou intenter une action contre la ville, ou attendre que celle-ci n'agisse la première, pour la repousser au moyen d'une exception. Il n'y a rien là, disons-nous, de contraire au droit commun ; car le municipe avait retiré un profit de la violence exercée par ses habitants, puisque la pollicipation l'avait rendu créancier, or l'action *quod metûs causâ* peut être aussi bien dirigée contre l'auteur de la violence que contre celui qui en a profité. De même, dans le § 1 de la même loi, il est bien dit que l'action *quod metûs causâ*, instituée par le préteur, a été conçue *in rem*, et peut être exercée contre toute personne qui a retiré un avantage de la violence, quel que soit l'auteur de cette violence, le particulier, le peuple ou une corporation quelconque ; mais il ne faut pas conclure de là que si le *populus* a exercé lui même des violences, il y aura toujours lieu à une action contre le *populus* en sa qualité de personne morale.

Il y a une hypothèse dont nous avons négligé de parler jusqu'ici et où la responsabilité du municipe est évidente, c'est lorsqu'un délit a été commis par un de ses esclaves. Cette responsabilité pèse sur lui, comme elle pèse sur tout propriétaire d'esclaves; car elle est une conséquence nécessaire de la puissance dominicale, et le maître la subit malgré sa volonté ou ses actes personnels. Cela est si vrai que l'action noxale, sanction de cette responsabilité, est donnée contre le propriétaire actuel de l'esclave, et non contre celui qui l'était au moment du délit, *noxa caput sequitur*. Soumises, ici encore au droit commun, rien ne saurait dispenser les cités de réparer le dommage causé par l'un de ses esclaves ou d'en faire l'abandon noxal à la victime de son délit.

CHAPITRE IV

Actions des municipes.

Il est indispensable à toute personne, quelle que soit
sa nature, pourvu qu'elle ait, sinon l'exercice, du
moins la jouissance de certains droits, de posséder un
moyen de les faire protéger ou sanctionner; et il n'est
pas moins nécessaire de pouvoir, par ce même moyen,
la contraindre à l'exécution des engagements pris par
elle ou en son nom. La fixion de la personnalité civile,
pour offrir tous les avantages dont elle est susceptible,
doit donc aboutir à ce résultat. Il nous reste à voir
comment le Droit Romain y est arrivé pour les municipes, et nous distinguerons pour cela deux époques,
celle des actions de la loi et celle de la procédure formulaire.

I. Sous les actions de la loi, tout le fonds de la procédure se résumait dans la prononciation de formules
sacramentelles, contenant une affirmation et une négation sur le droit ou le fait litigieux, et qui ne pouvaient être prononcées que par les intéressés seuls :
« *Nemo alieno nomine lege agere potest* » (Gaius IV,
§ 82). Cette règle ne comportait que trois exceptions :
il était permis de plaider *pro tutelâ, pro libertate, pro
populo* (pr. Inst. IV. 10).

Quant aux cités, si, dans leurs rapports avec les tiers,
les magistrats avaient stipulé en leur nom personnel,

c'était également à eux qu'il appartenait d'agir ou
d'être poursuivis en justice, sauf l'obligation dont ils
étaient ensuite tenus de rendre compte de leurs actes
devant l'*ordo decurionum*, et dont l'exécution était sans
doute réglée par les lois administratives. Mais ce procédé était fort insuffisant, car tous les droits des cités
n'étaient pas invariablement acquis par leurs administrateurs : indépendamment de l'hypothèse où elles de-
venaient propriétaires ou créancières par l'intermédiaire
de leurs esclaves, nous savons qu'on avait admis assez
rapidement bien des cas d'acquisition directe.

Aussi Dirksen n'hésite pas à admettre qu'elles profitèrent de l'une des exceptions apportées au principe :
Nemo alieno nomine lege agere potest. Il estime que
s'il a paru indispensable d'introduire pour le *populus*,
incapable d'agir par lui même, un moyen d'être représenté en justice, la même dérogation a dû être étendue
aux municipes. Cette extension était naturelle et le besoin s'en faisait peut-être sentir davantage pour eux,
que pour le *populus*, dont ils partageaient la personnalité sans la souveraineté.

Mais il ne faut pas se méprendre sur la nature de
l'action *pro populo*, ni la confondre, ainsi que l'ont
fait certains auteurs, avec les actions populaires et les
actions publiques (1). Toute action peut être exercée *pro
populo*, et celui qui l'exerce y agit pour autrui; au
contraire celui qui intente un action populaire se l'ap-
proprie et il garde le bénéfice de la *condemnatio.*
Quant aux actions publiques, ce sont toujours des
actions pénales, soumises à une procédure spéciale

____

(1) Opposez Bonjean, Traité des actions, t. II, p 471, et Accarias, t. II.
§ 930 et la note.

Ajoutons que le droit municipal présente beaucoup
d'exemples de ces dernières : tels sont tous les cas où,
dans les bronzes d'Osuna, une amende était prononcée
au profit des colons de Genetiva Julia (1); la cité bé-
néficiait de ces amendes, seulement, afin d'en mieux
assurer l'application, on permettait à tout citoyen de
poursuivre la condamnation, et, à ce titre, il est probable qu'une partie de la somme lui était attribuée.
Quoi qu'il en soit, cet exercice des actions publiques
au profit d'un municipe serait au besoin un argument
de plus en faveur du système de Dirksen.

Il est loin, d'ailleurs, d'être admis par tous les roma-
nistes : Mommsen le contredit formellement et soutient
que les *universitates* furent toujours incapables de
figurer en justice, ou de s'y faire représenter. Nous
avons déjà eu l'occasion de dire que cette idée l'avait
amené à nier leur personnalité, et nous croyons avoir
suffisamment démontré plus haut qu'il n'y avait point,
entre les deux notions de la personnalité civile et de la
représentation, cette connexion que l'érudit allemand
semble avoir imaginée, et que sa conclusion, au
moins en ce qui concerne les cités, devait être énergiquement rejetée.

Quant à l'impossibilité, où elles furent, sous les
actions de la loi, de se faire représenter en justice,
nous estimons qu'elle n'a jamais dû être insoluble ; et,
lors même qu'on repousserait l'idée qu'a eue Dirksen
d'étendre aux municipes l'exercice des actions *pro*

____

(1) Exemple : Une peine de 5,000. sesterces frappait tout candidat à
une magistrature municipale qui se serait livré à des manœuvres électorales frauduleuses ou interdites. — Cf. Charles Giraud, les Bronzes
d'Osuna. — Houdoy, De la condition des villes chez les Romains ,
p. 294.

populo, on ne devrait pas encore, à notre avis, leur nier la faculté de faire valoir leurs droits en justice. Personne n'ignore, en effet, que le Droit Romain primitif ait impitoyablement refusé le bénéfice de ses institutions à quiconque n'était pas *civis romanus ;* cependant bien longtemps avant que le droit de cité n'ait été accordé à tous ceux qui subirent leur joug, les Romains ont été contraints de reconnaître la personnalité et les droits des pérégrins : ils ont accepté un *jus gentium* à côté de leur *jus civile ;* et, pour permettre aux étrangers de faire valoir leurs droits, ils ont créé le *prætor peregrinus,* à une époque (507 de Rome) où ils n'était pas encore question du système formulaire. Eh bien ! pourquoi ne se serait-il pas produit pour les municipes un mouvement analogue à celui-là ? Pourquoi, avant que la personnalité civile n'ait achevé de se développer dans l'esprit du législateur romain, et avant qu'il ne se soit un peu départi de ses vieux principes démodés, le droit public ne serait-il pas venu au secours des cités pour régler administrativement leurs droits litigieux ?

II. — En tous cas, si nous en sommes réduits à faire des conjectures sur la manière dont les cités romaines pouvaient agir en justice au temps des actions de la loi, il n'en est plus de même après que la loi *Æbutia,* rendue vers la fin du VIe siècle, eût consacré le système formulaire. L'élasticité relative de la formule, que le préteur délivrait aux plaideurs, dans toute contestation, offrait un peu plus de prise à la représentation judiciaire, et outre le tuteur et le curateur, qui figuraient en justice pour les personnes soumises à leur garde, on put alors plaider pour autrui en qualité de *cognitor* et de *procurator.*

La constitution du *cognitor* se faisait *in jure,* par des formules sacramentelles que seules les parties en cause avaient pouvoir de prononcer. Cette innovation fut la première admise, mais elle était trop étroite encore pour être ouverte aux municipes.

Le *procurator,* au contraire, était un mandataire dont la constitution n'exigeait aucune solennité ; à ce point de vue, il n'y avait donc plus de difficulté à permettre aux cités de faire valoir leurs droits par son intermédiaire. Cette représentation était d'ailleurs fort imparfaite, car le *procurator* agissait toujours en son nom personnel : ainsi, remplaçait-il le défendeur ? la *litis contestatio* libérait le débiteur réel, comme si un tiers avait payé sa dette et elle obligeait le *procurator* vis-à-vis du créancier ; à l'inverse, personne ne pouvait déduire en justice le droit d'autrui, et le *procurator,* en exerçant une action au nom d'un créancier, n'éteignait point le droit de ce dernier ; le débiteur avait seulement, pour se garantir contre une poursuite ultérieure, la ressource d'exiger de son créancier la caution *de rato.*

Tout cela formait un ingénieux mécanisme et, si compliqué que paraisse son fonctionnement, il laissait bien loin derrière lui les rigueurs du droit strict ou de la législation primitive. Il n'est pas douteux qu'il ait été mis à la portée des municipes, et que, à la fin de la République, leurs magistrats aient figuré ordinairement en justice, avec la qualité de *procuratores.* Cette mission leur échappa du reste : la représentation judiciaire, continuant ses progrès insensibles, devint, dans la cité, l'objet d'un *munus personale,* dont le titulaire s'appela *actor* ou *syndicus,* suivant qu'il reçut un mandat spécial ou général.

Cette distinction reposait principalement sur les coutumes et les lois locales, qui prescrivaient tantôt la nomination d'un *actor* pour une affaire particulière, tantôt celle d'un *syndicus* une fois pour toutes. Ce dernier usage finit par l'emporter et devenir le plus répandu. (6. § 1. D. Quod cujusc. III. 4 et 18. § 13. D. De mun. L. 4.) Aux termes de la loi 3 D. III. 4, la personne, chargée de représenter le municipe en matière judiciaire, était ou bien désignée par la loi, ou bien nommée par la curie, en présence au moins des deux tiers de ses membres (1). Celle-ci pouvait d'ailleurs déléguer aux duumvirs le soin d'élire le *syndicus.* Ajoutons que cette charge pouvait être valablement confiée à un fils de famille et qu'elle était soumise aux mêmes causes de révocation que la simple *procuratio* (6. § 3. in fin. D. Quod cujusc.)

Sous Alexandre Sévère, une évolution nouvelle et importante s'opère dans la représentation judiciaire. A partir de cette époque, on distingue suivant que le mandat *ad litem* a été constitué ou non *apud acta :* dans la seconde hypothèse les anciennes dispositions sont purement et simplement maintenues ; mais, s'il a été désigné *apud acta,* le mandataire devient *procurator præsentis* et est assimilé au *cognitor,* qui finira bientôt par disparaître, faute de raison d'être. Le *syndicus* de la cité fut toujours, à partir de ce moment, considéré comme un *procurator præsentis ;* et

____

(1) Les empereurs Arcadius et Honorius ont fixé ce quorum, comme règle générale, pour toutes les nominations que la curie devait faire. (Cf. 46. C. De decur. et fil., X. 31.)

voici les conséquences importantes qui furent déduites
de là :

1º Le représentant du municipe cessa d'être tenu
de fournir la *cautio de rato,* obligation qui lui incom-
bait auparavant comme à tout *procurator ;* il y serait
cependant encore astreint si, au cours du procès, des
doutes venaient à s'élever sur la régularité de sa nomination.

2º Tandis qu'autrefois, c'était au mandataire seul,
et contre lui seul, qu'était donnée l'action *judicati,*
parce qu'il avait dû prendre la qualité de *dominus litis,*
dorénavant elle sera exercée directement par la cité ou
contre la cité (6. § 3 D. ibid.). Même après cette réforme, si le municipe joue le rôle de défendeur, son
syndic doit encore fournir la *cautio judicatum solvi,*
et s'engager à la place du *dominus litis.* Il n'y avait
plus là qu'un dernier pas à faire pour que la représentation eût été pleinement consacrée par le Droit
Romain, mais il n'osa jamais s'y résoudre.

Cette même hypothèse d'une cité défenderesse présente une autre particularité, Quand la curie avait
négligé de nommer un syndic, ou n'avait pu le faire
en temps utile, un citoyen quelconque pouvait se présenter en son nom, et prendre sa défense, en se conformant aux règles de la procédure (1. § 3 Quod cuj.);
c'était un moyen de mieux sauvegarder les intérêts
municipaux. Mais si personne ne se présentait, le
préteur prononçait l'envoi en possession des biens de
la cité au profit du demandeur, et même au besoin, en
ordonnait la vente, lorsque, après un avertissement, la
curie n'avait pas pris des mesures pour remédier à
l'absence du syndic (1. § 2, ibid.). D'ailleurs quand elle

avait été condamnée, la cité était exposée à toutes les voies d'exécution, prescrites par le droit commun et on avait recours, alors, au même système de représentation que nous venons d'exposer.

La loi 10 D. III, 4 énumère certains actes que le syndic avait pouvoir d'accomplir relativement à la poursuite dont l'exercice lui avait été confié : c'est ainsi qu'il peut faire une dénonciation de nouvel œuvre, et exiger, en cas de nécessité, que des cautions soient fournies à la cité : en pareil cas, on doit de préférence faire recevoir la stipulation par un esclave ; mais le préteur alla plus loin et il accorda une action utile à la cité, quand la caution avait été fournie à l'*actor*.

Toutes les fois qu'un legs était fait à un municipe sous la condition d'un serment à prêter, la loi 97 D. XXXV, 1 décidait qu'il le serait par les magistrats municipaux. On en conclut souvent par analogie qu'il était procédé de même quand, au cours d'une instance, le serment lui était déféré.

Avant d'en finir avec cette matière, nous signalerons la loi 9 § 2 D. L. 8, qui attribue au *curator reipublicæ* la mission de revendiquer les biens des cités contre ceux qui les détenaient injustement : c'était une importante restriction à la mission du *syndicus*. Il est probable, d'ailleurs, que celle-ci finit par être absorbée tout entière au profit de ce puissant magistrat, qui centralisait entre ses mains toutes les rênes de l'administration municipale, et que ce dernier finit par exercer lui-même toutes les actions du municipe.

Le développement qu'avait fini par recevoir la représentation judiciaire avait imprimé un essor considérable à l'idée de la personnalité civile; aussi dès l'époque classique elle était arrivée au point le plus élevé qu'elle devait atteindre en Droit Romain. Si on l'envisage dans son ensemble, on jugera que ce n'était pas beaucoup plus qu'une ébauche, mais une ébauche largement traitée, et où percent, dans son ensemble, aussi bien que dans ses détails, le talent et la perfection qu'apportait la jurisprudence romaine dans la lente élaboration du Droit.

Le mécanisme qu'elle était arrivée à construire, pour protéger et développer la vie civile des municipes se transmettra aux générations qui prendront la place de la société romaine, et il lui suffira de recevoir quelques perfectionnements peu importants, pour que ses rouages deviennent d'un maniment facile, et son usage plus pratique.

Les cités, à l'occasion desquelles la fiction de la personnalité civile s'était pour ainsi dire manifestée d'elle-même, et s'était peu à peu développée, ne jouirent pas longtemps de tous les avantages qu'on avait fini par y comprendre. A l'époque classique elles étaient parvenues à l'apogée de leur splendeur qui fut éclatante. Mais dès le iiie siècle après J.-C., le régime municipal entre dans la décadence : les municipes commencent à succomber sous la pression des charges écrasantes que l'empire faisait peser sur eux, et sous la centralisation qui leur retirait une à une leurs anciennes libertés.

A partir de ce moment, leur personnalité elle-même semble s'éteindre au profit d'une autre *universitas,* qui n'était autrefois qu'un des organes de l'administration municipale, la curie, et qui finira par se substituer complètement à la ville, en tant que personne capable d'avoir un patrimoine. Quant à celle-ci, sa situation deviendra fort lamentable, et on éprouvera bientôt le besoin d'y introduire une magistrature nouvelle, le *defensor civitatis*, dont les principales attributions consisteront à protéger les populations contre les éxactions du personnel administratif et contre les abus des agents du fisc.

DROIT FRANÇAIS

DE LA RESPONSABILITÉ DES COMMUNES

ET DE CELLE

DES FONCTIONNAIRES MUNICIPAUX

PREMIÈRE PARTIE

RESPONSABILITÉ DES COMMUNES

INTRODUCTION

En donnant aux communes l'apanage de la personnalité, le législateur obéissait simplement à une nécessité, car la commune est un groupe social dont la famille est l'unité ; elle a besoin pour vivre d'une certaine indépendance, d'une sorte d'individualité, et le législateur ne pouvait limiter son rôle à celui d'une simple circonscription administrative. Mais cet apanage est pour elle une source féconde de précieux avantages : il lui donne la faculté d'avoir un patrimoine à elle, de l'augmenter ou de le diminuer par des acquisitions ou des aliénations ; et, comme conséquence, de contracter et de comparaître en justice à l'occasion des biens qui composent ce patrimoine.

En qualité de personne morale et de propriétaire, la commune est encore susceptible d'encourir la responsabilité. Cette responsabilité sera toujours purement civile, car, si nécessaire qu'elle apparaisse, sa personnalité n'en repose pas moins sur une fiction : il est évident qu'une commune est par elle-même incapable d'accomplir aucun acte, *a fortiori* quand cet acte est délictueux, et si elle est obligée de se faire toujours représenter, il est impossible qu'elle encoure une responsabilité pénale.

Sous le Droit intermédiaire, la loi du 10 vendémiaire an IV avait méconnu ce principe ; elle prononçait une amende au profit du fisc contre la commune dont les habitants avaient occasionné des dommages par des attroupements, et cette amende devait être égale au chiffre des dommages. Cette disposition, abrogée par la loi municipale de 1884, n'a jamais été appliquée (1).

Aujourd'hui la règle de l'irresponsabilité pénale des personnes juridiques est encore violée par le Code forestier, qui permet aux tribunaux correctionnels de prononcer une amende contre les communes, à raison de contraventions commises par leurs préposés, par exemple, pour introduction irrégulière en forêt d'animaux qui appartiennent à leurs habitants et pour délits de pâturage (2).

Il faut nécessairement s'incliner devant la volonté du législateur, mais il y a lieu de critiquer les décisions où la jurisprudence a cru devoir suivre son exemple. C'est donc par erreur qu'une commune fut condamnée à l'amende, parce que le maire, autorisé en vertu d'une délibération du conseil municipal, avait fait exécuter des travaux à un puits communal, situé le long d'une

---

(1) A la suite d'un pillage qui eut lieu le 5 juin 1832, la ville de Metz fut condamnée à une amende de 60,000 francs, mais elle en fut déchargée par la Cour d'appel (arrêt du 5 juin 1833), sur ce qu'il n'était pas suffisamment établi que les habitants de Metz aient pris part au pillage. (Dal. Répertoire, V° commune, § 2664.

(2) Cf. Code forestier, art. 32, 34, 37, 53 et suiv., 72 et suiv., 82, 83, 199.

route, et sans en avoir demandé l'autorisation (Cons. d'État, 14 juin 1851). De même, de ce que des tabacs avaient été plantés illégalement sur des terrains appartenant à une commune, la Cour de Cassation a conclu à tort qu'elle encourait les amendes fixées par les articles 180 et 181 de la loi du 16 avril 1810 (Crim. 13 décembre 1839).

Cette jurisprudence, aussi bien que le Code forestier, considère les condamnations de ce genre comme des réparations civiles, et non comme des amendes proprement dites, d'où il suit qu'elles doivent atteindre la commune, par cela seul qu'elle est propriétaire. Cette opinion est mal fondée : en réalité, c'est de contraventions dont il s'agit ici ; la réparation qu'elles entraînent a un caractère pénal ; et, si cette catégorie d'infractions n'exige pas de la part de l'auteur mauvaise foi ou volonté de les commettre, elles n'en doivent pas moins, pour entraîner une peine, avoir été commises par un individu pénalement responsable, c'est-à-dire jouissant du libre arbitre. Or ce n'est pas le cas des communes.

En revanche, elles sont exposées à supporter les conséquences civiles des délits commis par leurs préposés ou leurs représentants, et leur obligation découle alors du droit commun. Mais dans une hypothèse particulière, la loi a jugé à propos de s'en écarter et a, pour ainsi dire, identifié la commune et ses habitants, en rendant la première responsable de certains actes illicites commis par les seconds. Il y a là deux points de vue qui feront l'objet des deux premiers titres. Dans un titre troisième, nous exposerons certaines hypothèses spéciales, qui dérogent au droit commun ou ne se rencontrent que pour les communes.

Sous ces différents aspects, la responsabilité conserve toujours ce caractère de ne s'appliquer jamais qu'à des condamnations purement civiles, c'est-à-dire aux restitutions, aux dommages-intérêts et aux frais. Elle ne s'étend donc pas à la peine d'amende qui est, comme toute autre peine, exclusivement personnelle

TITRE PREMIER

Responsabilité de Droit commun.

Cette application de la responsabilité présente peu
de particularités, et n'est que la conséquence nécessaire de la personnalité civile des communes. Comme
pour tout le monde, cette responsabilité peut dériver :
1º de la qualité de propriétaire ; 2º d'un contrat ou
d'un quasi-contrat ; 3º d'un délit ou d'un quasi-délit.

I. — L'article 1385 du Code civil déclare le propriétaire d'un animal, — ou celui qui s'en sert, pendant
le temps qu'il est à son usage, — responsable des dégâts et dommages causés par l'animal, soit que l'animal fût à sa garde, soit qu'il fût égaré ou échappé :
Cette disposition s'appliquerait sans la moindre difficulté aux communes.

Il en est de même de l'article 1386 en vertu duquel,
le propriétaire d'un bâtiment est responsable du dommage causé par sa ruine, lorsqu'elle est une conséquence du défaut d'entretien ou d'un vice de construction. Il faut entendre ici le mot bâtiment dans son sens
le plus large et l'appliquer à toute espèce de construc-
tions ; le propriétaire lésé par l'écroulement d'un
barrage, que la commune a construit pour retenir les
eaux d'un cours d'eau, aurait le droit de se faire indemniser aussi bien que l'individu blessé par une
pierre tombée d'un édifice communal. Mais la com-

mune cesserait d'être responsable si la personne qui avait subi le préjudice avait elle-même commis une faute, en transgressant une défense, par exemple, ou en contrevenant à un arrêté de police.

Une autre exception, dont la commune aurait le droit de se prévaloir pour échapper à la responsabilité prescrite par l'article 1386, c'est le classement de l'édifice au nombre des monuments historiques ; puisqu'il dépend alors d'un service public relevant du ministère des beaux-arts, et que cela fait perdre à la ville le droit d'ordonner les réparations et d'en surveiller l'exécution, en admettant même que l'édifice ainsi classé, fasse toujours partie de son domaine, le vice de construction et le défaut d'entretien cessent de lui être imputables (1). Mais ce ne serait pas ici le cas d'appliquer l'article 4 de la loi du 28 pluviôse an VIII, ainsi que l'a pourtant jugé le tribunal de la Seine, car les questions de responsabilité sont de la compétence des tribunaux judiciaires, et si la loi de pluviôse attribue aux conseils de préfecture la connaissance « des réclamations des particuliers qui se plaindront. des torts et dommages procédant du fait personnel des entrepreneurs, et non du fait de l'administration, » il y a là une exception qui doit être interprêtée strictement (2).

II. — En contractant par l'intermédiaire de ses représentants légaux, la commune est soumise à toutes les règles ordinaires des obligations, et par conséquent aux articles 1136, 1145, 1146 et suivants du Code civil.

(1) Dijon, 12 février 1859. S. 70. 2. 74.

(2) Cf. Trib. civ. de la Seine, 10 juillet 1883, Revue générale d'administration, 1883, T. III, p. 76.

Si la commune n'exécute pas l'engagement qu'elle a
pris, ou qui a été pris en son nom vis-à-vis d'un tiers,
elle peut être condamnée par les tribunaux judiciaires
à lui payer des dommages-intérêts. Cela a été jugé
d'une façon constante à propos des conventions inter-
venues entre une commune et une congrégation reli-
gieuse afin que celle-ci se chargeât de la direction des
écoles publiques communales ; la rupture brusque et
intempestive de ce contrat, même à la suite d'un acte
administratif, qui a remplacé l'instituteur congréga-
niste par un instituteur laïque, oblige la commune à
réparer le préjudice causé à la congrégation par l'inexécution de la convention (1).

De même s'il s'agit d'un contrat conditionnel, par
exemple d'un traité soumis à l'approbation de l'autorité
supérieure, la commune doit s'abstenir de toute
manœuvre de nature à empêcher la réalisation de la
condition, et ne point provoquer déloyalement le refus
de cette approbation, sinon elle engagerait sa responsabilité envers son contractant (2).

Enfin, certains contrats, le dépôt particulièrement,
exposent à une appréciation plus rigoureuse de la responsabilité celle des parties qui s'est engagée. Les
communes sont soumises à cette règle ; c'est ainsi
qu'en organisant une exposition d'œuvres d'art, une
ville s'engage par le fait même à apporter tous les
soins convenables à la garde des œuvres qui lui sont

(1) Cf. Tribunal des conflits, 28 décembre 1878, 11 janvier et 3 mai
1879, D. P. 79. 3. 65. Nimes 27 décembre 1880. D. P. 81. 2. 133. Tribunal des conflits, 18 mars 1882. D. P. 83. 3. 84. et 7 juillet 1883. D. P.
84. 5. 234.

(2) Cf. Cassation, arrêt de rejet, 6 décembre 1875. S. 76. 1. 23. D.
P. 76. 1. 131.

confiées et dont elle se constitue dépositaire ; si un vol venait à se commettre, elle en serait donc responsable, à moins qu'elle n'arrive à prouver qu'il y a cas fortuit, et qu'on ne peut lui reprocher la moindre faute. (C. c., art. 1927.)

III. — Mais la source la plus féconde et la plus pratique de la responsabilité des communes, c'est à coup sûr l'article 1384 § 3º du Code civil : « Les maîtres et commettants sont responsables du dommage causé par leurs domestiques et préposés dans les fonctions auxquelles ils les ont employés. » Il serait même facile de faire converger sur ce texte presque tous les cas de responsabilité communale, et, dans la pratique, il n'est guère de jugement qui ne les y ramène.

Il est naturel, puisque la commune a reçu la personnalité, qu'elle subisse le contre-coup des délits ou des quasi-délits commis par ses mandataires et par ses employés dans l'exercice de leurs fonctions respectives, et qu'elle doive réparer les suites de l'action ou de l'inaction qui constitue le délit, bien qu'elle y soit toujours demeurée étrangère. Nous ne voyons pas de raison pour distinguer entre la personne morale et un individu quelconque, que la loi, en dehors de toute faute de sa part, rend responsable du fait de son mandataire ou de son domestique.

On a pourtant soutenu que l'article 1384 § 3º ne s'appliquait pas aux communes, sous le prétexte que leur responsabilité ne peut pas avoir d'autre cause que le fait ou la négligence de ses préposés, et que, du moment où ceux-ci accomplissent un acte de nature à l'engager, ils sortent des limites du mandat qui leur a été donné ; ils cessent donc *ipso facto* d'être les préposés de la commune. Mais si ce raisonnement était juste, il faudrait l'étendre à tout préposé dans ses rapports avec son commettant, or ce serait effacer l'article 1384 § 3º. « La responsabilité civile des personnes morales, dit M. Garraud, se fonde sur la loi et non sur une faute. L'article 1384 déclare les maîtres et commettants, quels qu'ils soient, civilement responsables : c'est là une obligation légale qui incombe à toute personne civile ou morale dès qu'elle se trouve dans la situation prévue par la . loi. La responsabilité civile des personnes juridiques résulte de cette idée que les fondations ou les corporations ont un patrimoine, et exercent, dans le sens des obligations et des droits qui s'y refèrent, une activité que la loi reconnait et protège. » (1)

On a voulu aussi assimiler la commune à l'Etat. D'après la jurisprudence, l'Etat n'est point responsable des fautes commises par ses préposés ; son système repose principalement sur cette idée que les rapports des administrations publiques avec les fonctionnaires qui les représentent ne sont point des rapports de commettants et de préposés dans le sens de l'article 1384, mais des rapports d'ordre purement administratif. Or cette idée s'appliquerait aux communes aussi bien qu'à l'Etat : « La commune, dit M. Lacanal, n'est-elle pas comme l'Etat le mandataire de tous pour gérer les services publics dans sa sphère et choisir ses préposés ? Et elle a ce mandat légal même à l'encontre des étrangers qui doivent reconnaître ses pou-

(1). Traité théorique et pratique du Droit pénal français, t. II, § 10, p. 12.

voirs dans la gestion des divers services publics aussi bien qu'à l'égard des arrêtés de police municipale : car il n'y a pas de raison pour établir de distinction. » (1)

Le tribunal des conflits, qui applique rigoureusement cette doctrine quand il s'agit de l'Etat, s'est toujours refusé de l'étendre aux communes. Cela tient sans doute à ce que son véritable but était d'écarter la compétence judiciaire en matière de responsabilité de l'Etat, et que, pour cela, il fallait ne pas tenir compte de l'article 1384 ou déclarer qu'il ne visait « que les rapports de particulier à particulier. » Le rapport de M. David, commissaire du Gouvernement dans l'affaire Blanco (2), semble avoir donné l'esprit de cette théorie : il distingue les actions dirigées contre l'Etat en sa qualité de personne civile, de celles où il est poursuivi à raison de faits accomplis dans l'exercice de la puissance publique, et il restreint à ce dernier cas son irresponsabilité relativement aux fautes commises par ses agents. Il n'entre pas dans notre cadre de discuter cette distinction, mais il est incontestable qu'elle ne saurait s'appliquer aux communes ; car si on écarte les cas où le maire agit en qualité de délégué du pouvoir central, il est toujours le mandataire de l'association communale ou l'administrateur de son patrimoine, et par conséquent la commune doit réparer les suites de ses délits.

Il faut toujours éviter de confondre, en matière de

(1) Lacanal, De la responsabilité de l'Etat, des départements et des communes pour les fautes de leurs agents. Revue génér. d'admin. 1884. I., p. 50.

(2) Tribunal des conflits, 8 février 1873. D. P. 73. 3. 20.

responsabilité communale, les faits générateurs de cette responsabilité avec les décisions légales par lesquelles un maire peut apporter une entrave aux intérêts privés, aussi bien comme administrateur de la commune qu'en sa qualité de représentant du pouvoir central. D'ailleurs l'application de l'article 1384 § 3º aux communes est fort complexe et soulève plusieurs questions que nous traiterons séparément.

SECTION PREMIÈRE

Préposés de la commune

I. — Il nous paraît incontestable que le maire doive être compris parmi les préposés de la commune; car c'est bien de cette commune qu'il reçoit la mission d'en gérer les intérêts publics et privés, et il est tenu vis-à-vis d'elle de l'obligation de rendre compte : il est donc son mandataire. Or la loi ne fait aucune distinction suivant la nature des rapports qui unissent le commettant et le préposé : ce peut être un louage de services, comme ce peut être un mandat ; il suffit qu'une personne en charge une autre de l'accomplissement d'un service déterminé pour être tenue du dommage commis par la seconde dans l'exécution du service ; la faute du préposé sera souvent complètement étrangère au commettant, mais il n'importe, cette faute lui sera imputable, par ce qu'on peut lui reprocher d'avoir mal éclairé son choix (1).

Mais les attributions du maire sont essentiellement multiples, aussi, avant de chercher s'il engage la responsabilité de la commune, il faut se demander en quelle qualité il a accompli l'acte dommageable.

Il est certain, d'abord, que la commune ne répondrait pas des délits commis par lui quand il remplit ses fonctions d'officier de police judiciaire pas plus qu'elle ne doit supporter les conséquences des délits commis par un magistrat de l'ordre judiciaire (2). Il s'agit là de fonctions spéciales, dont la loi, dans son propre intérêt, a investi le maire élu par la commune. Or, si c'est une condition de la responsabilité que le préposé ait été librement choisi par le commettant, c'en est une autre que le préposé ait commis le dommage dans la fonction ou le service même qu'il est appelé à remplir pour le commettant.

Quant à ses attributions administratives proprement dites, toutes réglées par la loi municipale de 1884, il faut les classer, avec M. Ducrocq, en trois catégories : le maire agit tantôt comme délégué du pouvoir central, tantôt comme chef de l'association communale ou administrateur de son patrimoine, tantôt enfin comme fonctionnaire, chargé de la police municipale et rurale. Cette dernière attribution, où il est à la fois le mandataire et de la commune et du pouvoir central, ne saurait plus se confondre aujourd'hui avec celle où il joue le rôle d'administrateur de cette commune (3).

(1) Laurent, t. XX, p 607.
(2) Besançon, 23 juin 1873. D. P. 74. 2. 149.
(3) Cf. le remarquable rapport présenté par M. de Marcère à la Chambre des Députés sur la loi municipale.

PREMIÈRE HYPOTHÈSE : *Le maire agit comme représentant de l'autorité supérieure.* — Il n'est pas encore ici le préposé de la commune dans le sens de l'article 1384. Celle-ci n'a donc pas à répondre du préjudice causé par lui toutes les fois qu'il agit soit en vue de la publication ou de l'exécution des lois et règlements (1), soit en vue de l'exécution des mesures de sûreté générale, ou pour se soumettre à un ordre du préfet ; soit enfin dans les fonctions spéciales qui lui sont dévolues par des lois diverses, pour les opérations du recrutement, par exemple.

Ainsi, nous admettons que si le maire avait requis illégalement et arbitrairement l'immeuble d'un habitant de sa commune pour y installer un bureau de poste, c'est-à-dire pour assurer le fonctionnement d'un service public, la commune ne serait pas responsable du dommage éprouvé par cet habitant, parce que le maire a ici fait acte de représentant de l'autorité centrale.

Comme tel, le maire exerce un pouvoir propre et spécial que la loi a lié à ses attributions municipales. C'est à lui d'en user avec prudence et modération, mais il est seul responsable vis-à-vis des tiers du préjudice qu'il leur cause.

DEUXIÈME HYPOTHÈSE : *Le maire agit comme mandataire de la commune.* — Celle-ci doit alors supporter les conséquences des délits et des quasi-délits qu'il commet dans l'exercice de ses fonctions.

Les attributions dont il est ici question sont les plus importantes des fonctions municipales. Tandis que le

(1) Cf. Cassation, 24 décembre 1839. D. P. 40. 1. 75. S. 40. 1. 439.

conseil municipal représente la commune dans le cercle de la délibération, le maire la représente dans le cercle de l'action : il doit accomplir pour elle tous les actes de gestion ou d'administration, passer les contrats et agir en justice. Le plus souvent le maire ne fait qu'exécuter les délibérations du conseil, mais il a le droit d'initiative en ce qui concerne les mesures conservatoires à prendre dans l'intérêt de la commune. D'ailleurs, au point de vue spécial de la responsabilité communale, il n'y a pas à distinguer : que le maire agisse de son autorité propre (1), en vertu d'une délibération régulière ou sur l'ordre formel du conseil municipal (2), dans tous les cas la commune doit réparer le préjudice qu'il a causé. Il est également indifférent de rechercher si les mesures prises par le maire se rapportent à l'administration de ses intérêts publics ou de ses intérêts privés : ainsi, le maire ne peut, sans expropriation, détourner au profit des habitants de la commune les eaux d'une source appartenant à un particulier, et, s'il le faisait, ce dernier aurait, outre sa revendication, l'action de l'article 1384 contre la commune.

Ces principes ne font l'objet d'aucune discussion, pas plus en jurisprudence qu'en doctrine, il est donc inutile d'y insister davantage ; il y a pourtant une question, celle de la révocation des employés municipaux, où leur application a soulevé des difficultés, mais nous nous proposons de la traiter dans une section spéciale.

TROISIÈME HYPOTHÈSE : *Le maire exerce ses attribu-*

---

(1) Dijon, 21 mars 1835. S., 37, 2, 163.

(2) Toulouse 1ᵉʳ juin 1827. — Lyon, 22 juillet 1875, affaire des frères de Calluire. D. R. sup., Vᵒ commune, § 1296.

tions de police municipale. — L'article 50 de la loi du 14 décembre 1789 et l'article 10 de la loi du 18 juillet 1837 n'avaient pas fait de ces attributions une classe distincte de celles qui sont propres à l'autorité municipale. Qu'il rende un arrêté de police, ou qu'il administre les biens communaux, la loi considérait toujours le maire comme le mandataire de la commune. C'était donc à tort que certains auteurs les séparaient, quand il s'agissait d'appliquer l'article 1384 C. C. (1) : il fallait déclarer avec la Cour de Cassation, que la commune était tenue de réparer le dommage causé par son maire dans ses fonctions de police municipale (2).

La question est plus délicate sous la loi du 5 avril 1884 parce que le pouvoir de police y reçoit un nouveau caractère, en ce sens que le maire, quand il en use, est à la fois l'agent du gouvernement et le représentant de la commune. Engage-t-il encore, malgré cela, la responsabilité de celle-ci, quand il porte atteinte au droit d'autrui? Nous n'hésitons pas à répondre affirmativement; en effet, s'il est ici le délégué de l'autorité publique, le maire est avant tout celui de la commune par laquelle il est élu, dans l'intérêt de laquelle il est toujours censé agir, et dans l'intérêt de laquelle, également, la loi, dans son article 97, a dressé la liste des applications multiples de la police municipale. Cette opinion est contestée; il n'est pourtant pas juste de s'appuyer, pour la repousser, sur ce que le maire n'est en pareille matière qu'un fonctionnaire public, soumis

---

(1) Dalloz, J. G. Vº Responsabilité, § 669, Vº Commune, § 2672. Bordeaux, 18 mai 1841. S. 41, 2, 436.

(2) Rouen, 23 mars 1864. S. 64, 2, 177. Cassation, 15 janvier 1866. S. 66, 1, 51,

à la surveillance de l'autorité supérieure (1), car on peut en dire autant de l'hypothèse où il remplit ses fonctions d'administrateur. D'ailleurs c'est encore à la commune qu'appartient ici le pouvoir direct de surveillance : sans doute l'article 97 rentre essentiellement dans la sphère de l'action, et offre au maire un vaste terrain pour déployer son activité et son initiative; mais le conseil municipal n'aura point de peine à trouver un moyen légal pour triompher de son inaction ou tempérer ses excès de zèle; et son contrôle sera d'autant plus légitime que le pouvoir de police, qui a pour objet le bon ordre, la sûreté et la sécurité publiques, intéresse au premier chef la commune. Concevrait-on, enfin, que la commune fût tenue des dommages-intérêts dus aux compositeurs de musique, dont la municipalité a fait jouer sans autorisation les œuvres dans un festival organisé par elle, et qu'au contraire, elle ne fût point responsable des mesures maladroites prises par son maire, mesures qui, au lieu d'enrayer le fléau qu'elles tendaient à combattre, n'ont servi qu'à le développer et à mettre en péril la santé publique?

Notre système est celui de la jurisprudence qui a souvent décidé, notamment, que les communes étaient responsables des accidents survenus au cours de feux d'artifice, parce qu'il est du devoir du maire de prendre les mesures nécessaires pour éviter ces accidents (2), au moins quand la fête est organisée par la municipalité, et que le feu d'artifice a été préparé et tiré sous

(1) Becquet. Répertoire de Droit administratif V° Commune § 2 152.
(2) Riom, 11 juin 1884. S. 84. 2. 135. — Bordeaux, 24 février 1886. S. 86. 2. 203. — En sens contraire, Orléans, 26 avril 1884 : Revue générale d'administ. 1884, II, 460.

ses ordres ; car si l'accident s'était produit au cours de réjouissances organisées par des particuliers et qu'elle s'était contentée d'autoriser, la commune ne serait certainement pas responsable.

Le maire est donc le préposé de la commune, et il en est de même des adjoints, qui, sans avoir aucun pouvoir propre, sont appelés à être les délégués ou les suppléants du maire ; mais, hors le cas où ils remplacent ce dernier, les conseillers municipaux ne sont pas des préposés dans le sens de l'article 1384, car la responsabilité peut venir de l'exécution, mais non de la délibération.

Nous ferons ici une double observation :

1° En cas de démission ou de dissolution d'un conseil municipal, ou lorsqu'il est impossible d'en constituer un nouveau, le Président de la République nomme une délégation spéciale, dont les pouvoirs sont limités aux actes de pure administration conservatoire et urgente (art. 44) et dont le président remplit à titre provisoire les fonctions de maire (art. 87). Nous croyons que la commune devrait être déclarée responsable de ses actes dans les mêmes cas et dans les mêmes conditions que s'ils étaient faits par le maire. Sans doute cette délégation n'émane pas de la commune elle-même, mais il ne tenait qu'à celle-ci ou à ses représentants de l'éviter ; et il y a là en quelque sorte une faute de sa part, suffisante pour engager et justifier sa responsabilité.

2° De même, lorsque le maire refuse d'exécuter un acte qui lui est commandé, le préfet a la mission d'y procéder d'office (art. 99), soit par lui-même, soit par un délégué spécial, et il peut arriver que, dans l'exécution de cet acte, le préfet ou son délégué cause un préjudice à un tiers; bien que le préfet ne soit pas le préposé de la commune, celle-ci pourra être rendue responsable de ce préjudice comme s'il avait été causé par le maire. Cette solution paraîtra surtout rigoureuse si le maire avait motivé son refus sur l'intérêt de la commune; elle s'impose néanmoins, car même alors la responsabilité communale est le résultat d'une faute commise par le maire qui a manqué à une obligation posée par la loi. Si l'intérêt de la commune ne suffit pas pour justifier son abstention, c'est qu'il peut se trouver contraint, à l'égal d'un tuteur, d'accomplir certains actes qui obèrent ou diminuent le patrimoine qu'il a la mission d'administrer.

II. — En dehors des officiers municipaux, il y a des employés ou des agents préposés à la gestion des services municipaux ou à la garde des intérêts collectifs. La commune est responsable de leurs actes dans les limites du droit commun.

Pour être considéré comme un préposé dans le sens de l'article 1384 § 3º C. C., l'auteur d'un délit ou d'un quasi-délit doit réunir cette double condition : avoir été librement choisi par le commettant, et être soumis à sa surveillance ou à son contrôle (1). Il y a donc un texte tout indiqué pour servir de base à la responsabilité des communes, c'est l'article 88 de la loi du 5 avril 1884 : « Le maire nomme à tous les emplois municipaux pour lesquels les lois, décrets et ordonnances actuellement en vigueur ne fixent pas un droit spécial de nomination. » En fait, tous les employés,

(1) Sourdat, Traité général de la responsabilité, t. II, § 885.

nommés par le maire, sont soumis à son autorité ou à sa surveillance, mais à l'inverse, cette seconde condition ne suffirait pas, et la commune ne serait pas responsable des actes des fonctionnaires qui, tout en étant attachés à son service et soumis à la surveillance de la municipalité, ne sont pas nommés ou choisis par elle.

La jurisprudence ne s'est pas montrée si exigeante : sous l'empire de la loi du 21 juillet 1867 (art. 23), les inspecteurs, brigadiers et agents de police étaient nommés par le préfet, sur la présentation du maire dans les communes de 40,000 âmes au moins. Cela n'a pas empêché la Cour d'Aix et la Cour de Cassation (1) de déclarer l'une de ces communes responsable des violences illégales et des actes illicites commis par ces agents dans l'exercice de leurs fonctions. A leur égard la question ne présente plus d'intérêt aujourd'hui; mais récemment le tribunal et la Cour d'Angers ont décidé que la commune était tenue de supporter les conséquences des faits de charge du receveur municipal, en se fondant sur le règlement du 23 juin 1879, concernant la comptabilité des emprunts des départements, des communes et des établissements publics, règlement qui attribue au maire un pouvoir de contrôle sur la comptabilité tenue par le receveur municipal (2).

Cet argument ne nous a point convaincu. Nous estimons plutôt que si les fonctions de receveur municipal sont exercées par le percepteur des contributions

(1) Aix. 24 février 1880. S. 80. 2. 300. Cassation, 16 mars 1881. S. 81. 1. 260. D. P. 81. 1. 194.

(2) Tribunal d'Angers, 12 août 1889, et Cour d'Angers. 15 janvier 1890. D. P. 90. 2. 11.

directes, — ce qui arrive le plus souvent, — la question ne se pose pas, car cet agent est soumis à l'autorité du receveur des finances et non pas de la commune. Si, au contraire, elles sont attribuées à un fonctionnaire spécial, la commune n'est pas davantage obligée par ses délits commis dans l'exercice de ses fonctions, parce qu'il est nommé par le préfet ou le Président de la République (1); sans doute le conseil municipal présente une liste de trois noms, mais ils peuvent être refusés, et dans ce cas le conseil municipal doit faire des présentations nouvelles, sinon la recette serait attribuée au percepteur. Or, d'une manière générale, l'application de l'article 1384 § 3º, suppose des rapports absolument libres entre le commettant et le préposé ; tout au moins, elle exige le choix volontaire de celui-ci par le premier ; en un mot, il faut ce que Sourdat appelle un contrat de *préposition,* sinon, la faute retombe sur celui qui a nommé l'agent et qui du même coup assume la responsabilité du choix. D'ailleurs, en ce qui concerne le receveur municipal, le droit de contrôle que le maire a sur lui n'est pas très énergique, puisqu'il n'est accompagné d'aucune sanction et que le maire n'a même pas à son égard les pouvoirs du receveur des finances.

Notre système nous amène à éliminer de la liste des préposés de la commune, les gardes forestiers des bois communaux (2), les commissaires de police (3), les ins-

(1) Il est nommé par le préfet dans les communes dont les revenus n'excèdent pas 300,000 francs, et, dans les autres, par décret du Président de la République.

(2) Les gardes forestiers présentés par le conservateur des forêts sont nommés par le préfet. (Décret du 25 mars 1852, art. 5, § 20º.)

(3) Les commissaires de police suivant que la population atteint ou

tituteurs (1), les préposés en chef et les préposés ordinaires de l'octroi (2).

Au contraire, le garde champêtre qui est nommé par le maire (art. 102) doit être considéré comme un préposé de la commune, bien que le préfet seul ait le droit de le révoquer car c'est le droit de nomination et non le droit de révocation que nous prenons pour point de départ de la responsabilité. Il faut en dire autant des inspecteurs de police, des brigadiers, des sous-brigadiers et agents de police qui sont toujours nommés par le maire en vertu de l'article 103 de la loi municipale. Du même coup, la doctrine suivie par la jurisprudence relativement à ces fonctionnaires en matière de responsabilité communale, s'est trouvée consacrée.

Le secrétaire de la mairie, et en règle générale tous les employés et les salariés de la commune sont ses préposés, et elle aurait à supporter les conséquences des méfaits commis par eux dans leurs emplois respectifs. On conçoit bien que nous ne tenterons pas d'en donner une énumération qui serait inépuisable. D'ailleurs il n'est pas nécessaire pour être le préposé d'une commune d'être spécialement à ses gages. L'architecte, l'agent voyer ou l'ingénieur des ponts-et-chaussées, à qui elle a confié la direction de ses travaux, serait son

dépasse 6,000 habitants, sont nommés par le préfet ou par le chef de l'Etat. (Décret du 28 mars 1852, art. 6.)

(1) Les instituteurs titulaires et les instituteurs adjoints sont nommés par le préfet, sur la proposition de l'inspecteur d'Académie. (Loi du 30 octobre 1886, art. 27 et 28.)

(2) Les uns et les autres sont nommés par le préfet sur la présentation du maire. (Décret du 25 mars 1852, art. 5, § 6e. — Loi du 23 avril 1816, art. 156.) Dans les arrondissements, les préposés ordinaires sont nommés par le sous-préfet. (Décret du 13 avril 1861, art. 6 in finem.)

préposé dans la sphère de ce service, et elle devrait supporter les suites de sa négligence ; si un individu se faisait une blessure en tombant la nuit dans une tranchée, creusée dans la voie publique et que le chef des travaux avait négligé d'éclairer ou de barricader, il aurait le droit de se faire indemniser par la ville du dommage éprouvé par lui (1). A la suite de l'écroulement des arènes qui avaient été dressées pour des courses de taureaux, la ville de Marseille dût payer des dommages-intérêts aux nombreuses victimes de l'accident. En effet, avant d'accorder l'autorisation qui lui était demandée, le préfet avait chargé le maire de prendre les mesures nécessaires, et surtout de soumettre la solidité des tribunes à une épreuve rigoureuse.. Le maire avait délégué l'architecte de la ville, mais celui-ci s'en était rapporté à l'avis d'un employé placé sous ses ordres, et dont l'examen fut trop sommaire. L'employé et l'architecte, qui avait signé son rapport, furent condamnés pour homicide par imprudence ; le délit avait été commis par eux en leur qualité de préposés communaux, dans l'accomplissement d'une mission qui leur avait été donnée par le maire de la ville de Marseille ; c'est donc à juste titre que le recours exercé contre elle par les victimes a été admis (2).

Il faudrait en dire autant de l'entrepreneur ou même des ouvriers embauchés par ce dernier : la ville sera tenue de réparer les suites de leur négligence toutes les fois qu'elle se sera réservé sur l'exécution du travail un droit de contrôle et de direction, exercé par un

_____

(1) Cassation, 17 février 1868. S. 68. 1. 148.

(2) Aix, 22 juillet 1884. Cassat., 3 novembre 1885. S. 86. 1. 249. D. P. 86. 1. 397.

agent délégué à cette fin par elle (1). Cela est évident si la ville a désigné elle même l'entrepreneur et d'une façon spéciale, mais elle serait encore responsable s'il a été désigné à la suite d'une adjudication publique, car, en annonçant cette adjudication, la commune appelait l'entrepreneur qui pouvait se présenter.

La responsabilité d'une commune peut parfois s'étendre fort loin. C'est ainsi que la ville de Carcassonne s'est entendue condamner par un jugement récent à réparer pécuniairement les conséquences de la négligence de son « Inspecteur des Halles et Marchés » (2) ; bien que chargé de la vérification des comestibles, ce fonctionnaire avait laissé vendre des champignons qui occasionnèrent chez trois consommateurs des vomissements présentant les symptômes d'un empoisonnement. Mais il ne faudrait pas conclure de là que cette responsabilité pût devenir sans limites pour la commune. Dans un arrêt remarquable, la cour d'Alger en a nettement précisé les bornes (3). D'après sa doctrine, la faute personnelle, qu'elle soit du reste la conséquence d'une action directe ou bien d'une omission, d'une simple négligence ne saurait résulter que de l'inexécution d'une obligation de faire, d'une prescription légale à laquelle la commune ne pouvait se soustraire ; sinon il ne s'y casserait pas une jambe, il n'y arriverait pas un accident ou un sinistre dont elle ne dût être déclarée responsable. Cette arrêt n'admet même pas, au moins comme règle absolue, au bénéfice

(1) Douai. 6 mars 1883. D. P. 85. 2. 135. Cassation, 15 janvier 1889. D. P. 89. 1. 49.

(2) Tribunal de Carcassonne, 27 octobre 1890, Gazette des Tribunaux, du 13 février 1891.

(3) Alger, 31 janvier 1888. D. P. 89. 2. 94.

des tiers, que les injonctions et instructions imposées par elle à ses préposés en vue de la sécurité ou de la salubrité publiques puissent suffire pour engager sa responsabilité, si ces injonctions n'ont pas pour principe une de ces obligations ou prescriptions légales auxquelles elle ne doit pas se soustraire.

Le Code forestier fait spécialement aux communes une application de l'article 1384 § 3°. Quand une commune est usagère de bois appartenant à l'Etat, à des établissement publics, à d'autres communes ou à des particuliers, les habitants ne peuvent y conduire leurs bestiaux par troupeaux séparés : tous les bestiaux doivent être réunis en un seul troupeau et confiés à la garde d'un ou plusieurs pâtres nommés par le maire. Ce pâtre est le préposé, non pas des propriétaires de bestiaux, mais de la commune, et l'article 72 § 3, la rend responsable des condamnations pécuniaires qui pourraient être prononcées contre lui, soit pour les délits prévus par le titre III, soit à raison de tous autres délits forestiers commis par ce pâtre pendant le temps qu'il était à son service et dans les limites du parcours. S'il s'agit d'un de ces derniers délits, si par exemple, le pâtre a volé du bois, il faudra prouver, pour agir contre la commune responsable, que le vol a été commis pendant que ce pâtre gardait le troupeau commun ; cette preuve est inutile relativement aux délits prévus par le titre III du Code forestier. (Cf. art. 72 § 3 et 76.)

Si la commune doit supporter les conséquences des délits et quasi-délits commis par ses préposés, elle n'est pas tenue par ceux de ses habitants. Nous verrons plus tard que cette règle reçoit dans un cas particulier une importante restriction et que la loi impose aux communes l'obligation rigoureuse de réparer les dégâts causés par les crimes et délits de leurs habitants quand ils ont été commis par des attroupements armés ou non armés. (Art. 106 et 107 de la loi municipale).

SECTION II

Etendue de la responsabilité des Communes

Nous venons de voir quels étaient les préposés de la commune. Il ne suffit pas d'ailleurs que l'un d'eux soit l'auteur de quelque dommage pour que celle-ci en soit déclarée responsable ; il faut encore que ce dommage ait été commis dans l'exercice des fonctions que le préposé remplit, dans l'exécution même du service que la commune lui demandait. C'est à celui qui réclame des dommages-intérêts à apporter la preuve de cette condition, et cette preuve sera quelquefois délicate, car il arrive souvent que tout en étant chargé de veiller aux intérêts de la commune, le fonctionnaire auquel est reproché le délit ou le quasi-délit peut être attaché au service de l'État ou du département, or, si c'est à ce moment là qu'il a causé le préjudice, ce n'est point la commune qui sera responsable. Nous avons déjà distingué entre les diverses attributions du maire, mais il n'était pas inutile d'insister ici sur cette observation qui est générale et peut s'appliquer à bien d'autres fonctionnaires de la commune.

Dès qu'elle est responsable, la commune peut être

tenue de réparer tout le dommage causé par son préposé, même celui dont elle n'aurait point profité ; et elle y est tenue solidairement avec lui, et sauf son recours contre ce dernier. Sa responsabilité est du reste purement civile ; si donc, outre les dommages-intérêts envers la partie lésée, les faits qui font l'objet de l'instance donnent lieu à des condamnations pénales, la responsabilité de la commune n'embrasserait pas ces pénalités : comme il est impossible que cette responsabilité s'étende aux peines corporelles, il serait souverainement illogique qu'il en fût autrement lors qu'on se trouverait en présence d'une peine pécuniaire. Comme la prison, l'amende à un caractère éminemment personnel, et elle est infligée à l'individu qui a commis l'infraction, ordinairement sans considération pour la qualité dont il était revêtu. On ne conçoit donc pas que les conséquences pénales d'un délit commis par le préposé d'une commune, ou en général de quelque personne morale, puissent peser sur cette dernière.

Pourtant, nous avons signalé dans notre introduction des cas exceptionnels où la loi et la jurisprudence s'étaient écartées de ces principes. Nous n'avons point à revenir sur ces hypothèses, où l'amende est directement prononcée contre la commune, abstraction faite de l'individu qui, en réalité, a commis l'infraction. Mais n'y aurait-il pas aussi certaines exceptions en matière de responsabilité indirecte ? La question s'est posée sur un texte que nous avons déjà rencontré, l'article 72 § 3 du code forestier, et elle a donné lieu à une controverse.

Les termes de cet article paraissent généraux : « Les

communes et sections de communes seront responsables *des condamnations* pécuniaires qui seront prononc-
cées contre lesdits pâtres ou gardiens... » de l'amende
et des réparations civiles, par conséquent, si l'on s'en
tient à ce texte. Il est d'ailleurs remarquable qu'à la
différence de l'article 206 du même code, il n'énonce
pas le mot *civilement*, et ne renvoie pas à l'article 1384
du Code civil. C'est donc qu'il prévoit une responsabilité spéciale, responsabilité qui s'étend à toutes les
condamnations pécuniaires (1).

On reproche à cette théorie de s'attacher trop à la
lettre de la loi, et de violer sans nécessité les principes
généraux de la responsabilité des personnes morales.
Du reste à son argumentation on oppose les travaux
préparatoires qui paraissent concluants : en effet, le
mot *amende* se trouvait dans le projet primitif du
Code forestier ; mais, au cours de la discussion, le
mot *condamnations pécuniaires* lui fut substitué avec
l'intention de réserver la question d'étendue de la responsabilité pour la trancher dans l'article 206 qui
embrassait aussi, dans le projet, les amendes. Lorsque
vint la discussion de cet article, la rédaction proposée
par la commission, et restreinte aux condamnations
civiles, triompha. C'est donc là l'interprétation qu'il
faudrait donner à l'article 72 § 3 (2).

(1) Toulouse, 8 février 1862. D. P. 62. 2. 97. Toulouse, 1er février 1844
et Nancy, 15 avril 1836. J. G. Dalloz, Vo Forêts § 1500.

(2) Besançon. 24 février 1838. Rennes, 20 mai 1839. J. G. ibid.

SECTION III

Compétence

D'après M. Laferrière, les actions en responsabilité dirigées contre les communes à raison des fautes commises par leurs agents devraient être soumises aux mêmes règles de compétence que les actions dirigées contre l'État. « La jurisprudence du tribunal des conflits, dit-il, repose uniquement sur cette considération que les rapports des administrations publiques avec les fonctionnaires qui les représentent ne sont pas des rapports de commettants à préposés, régis par l'article 1384 du Code civil, mais des rapports d'ordre administratif. Cette considération s'applique également aux rapports des administrations locales avec la plupart de leurs représentants et agents. » (1)

Nous ne contestons pas l'opportunité de cette doctrine quand elle est appliquée à l'État personnifiant la puissance publique, mais le tribunal des conflits qui, nous l'avons déjà vu, tenait en pareil cas, à écarter la compétence de l'autorité judiciaire, semble avoir été chercher ses arguments là où il a pu. Puisque l'État seul détient la puissance publique, le tribunal n'avait plus les mêmes raisons pour étendre aux communes sa doctrine relative à la responsabilité de l'État, et il ne l'a point fait.

Nous croyons du reste que M. Laferrière affaiblit son système en faisant des réserves en faveur de la

(1) Cf. Traité de la juridiction administrative, T. I. p. 630 et suiv. Son système est réfuté par M. Ducrocq dans la Revue générale du Droit, 1887, p. 464.

compétence judiciaire quand le préposé n'est pas un agent de l'administration, quand, par exemple, il est le pâtre de la commune. Il sera bien souvent difficile, en effet, de savoir si l'on est en présence d'un de ces préposés ou d'un agent de l'administration. Sans doute, M. Laferrière attribuera cette dernière qualité au maire; mais la donnera-t-il aussi à l'architecte municipal et au secrétaire de la mairie, au fossoyeur et au crieur de la commune? Faute de criterium certain, il prépare là une mine inépuisable de controverses; aussi faut-il repousser sa distinction.

Si on est en présence d'un délit ou d'une faute personnelle commise par un agent dans l'exercice de ses fonctions, la compétence de l'autorité judiciaire est certaine. Dans l'affaire des arènes de Marseille, l'exception d'incompétence, soulevée par la ville, a été justement repoussée à tous les degrés de juridiction (1) : car il ne s'agissait point ici de séparation des pouvoirs, ni de l'appréciation d'un acte administratif; il y avait un homicide involontaire commis par deux agents de la commune : or il est évident qu'un fait de ce genre et les réparations, même civiles, auxquelles il donne lieu, sont de la compétence judiciaire.

Il en serait de même de tout dommage occasionné par un acte administratif, cet acte fût-il un arrêté ou une décision municipale. Que demande-t-on, en effet, à l'autorité judiciaire? ce n'est point de contrôler ni de critiquer l'acte administratif, mais d'en apprécier seulement certaines conséquences juridiques; il s'agit d'une action dépendant par sa nature et par son objet

(1) Cf. Cassat., 10 juin 1884. D. P. 84. 1. 365. S. 85. 1. 165.

du droit commun, fondée sur les principes de responsabilité posés par le Code civil, et intentée dans un intérêt exclusivement privé. Pareille action n'a aucun caractère administratif et c'est à juste titre qu'elle est retenue par les tribunaux judiciaires.

Nous reconnaissons d'ailleurs que si l'existence du préjudice ne pouvait être vérifiée sans contrôler l'acte administratif lui-même, il y aurait alors une question préjudicielle à trancher par l'autorité administrative, et l'autorité judiciaire devrait surseoir jusqu'à ce que celle-là se soit prononcée sur l'utilité et la régularité de la mesure prise par le maire, et sur l'exécution qui l'a suivie ; car il ne serait pas admissible que, sous le couvert d'une demande en dommages-intérêts, le tribunal puisse violer le principe de la séparation des deux autorités et connaître de cet acte, qui fait peut-être le véritable objet du procès (1).

La loi elle-même contient une exception très large à la règle de la compétence dés tribunaux judiciaires en matière de travaux publics communaux.

L'article 4 de la loi du 28 pluviôse an VIII, attribue aux conseils de préfecture la connaissance de presque toutes les contestations dont les travaux publics peuvent être la source, et, notamment, des réclamations des particuliers qui se plaindraient de torts ou de dommages provenant du fait personnel des entrepreneurs, ou bien, ce qui nous touche plus directement, des agents ou préposés de la commune (2), si elle exécute les travaux en régie. Cette compétence de la juridiction

(1) Tribunal de Saint-Nazaire, 31 mars 1882. D. P. 85. 3. 103. Tribunal des conflits, 12 novembre 1881. D. P. 83. 3. 22.

(2) Malgré les termes équivoques qui terminent le § 3 du texte.

administrative ne varie pas avec l'objet du dommage, suivant qu'il a été causé à une propriété mobilière ou immobilière, ou qu'il l'a été à un individu dans sa personne.

Il y a cependant une condition qui est indispensable : il faut que la cause du dommage se rattache directement au travail public ; la compétence cesserait d'être administrative, s'il n'en était pas la conséquence immédiate, s'il ne s'était produit qu'à l'occasion de ce travail. Tel serait l'incendie allumé par la négligence ou l'imprudence des ouvriers dans une forêt, auprès de laquelle ils avaient allumé des fourneaux pour leur usage personnel, et alors que le travail public pour lequel ils étaient embauchés n'en exigeaient pas l'emploi (1). Comme le juge de l'action est le juge de l'exception, comme il doit statuer sur sa propre compétence, et vérifier les éléments qui la déterminent, l'autorité judiciaire saisie aurait le droit d'examiner si le fait préjudiciable est étroitement lié à l'exécution des travaux publics.

Dans un cas particulier, il faudrait écarter l'article 4 de la loi de l'an VIII, et revenir à la compétence de l'autorité judiciaire, c'est quand le fait articulé contre l'agent ou l'entrepreneur de la commune par le demandeur en dommages-intérêts constitue un délit de droit commun. En vertu de l'article 3 du Code d'instruction criminelle, et bien que le délit ait été commis dans un travail public, la partie lésée aurait le droit d'exercer son action civile soit en même temps et devant les mêmes juges que l'action publique, soit séparément et devant le tribunal civil.

(1) Alger, 6 mars 1886, et cassat., 15 janvier 1889. D. P. 89. 1 49

SECTION IV

Révocation des employés municipaux

La révocation par le maire des salariés ou employés municipaux est certainement la plus importante des difficultés que soulève la responsabilité de droit commun appliquée aux communes. Faut-il la soumettre aux règles ordinaires du louage de services, et les tribunaux judiciaires ont-ils le droit de connaître des contestations qu'elle peut amener ? ou bien faut-il n'y voir, au contraire, qu'un acte purement administratif, arbitrairement signé par le maire, et ne pouvant ouvrir que le recours pour excès ou détournement de pouvoir devant les juridictions administratives ? C'est là une question vivement controversée et qui semble avoir embarrassé la jurisprudence.

Le 14 juin 1879, le tribunal des conflits, à propos d'un arrêté du maire de Nonancourt qui avait opéré une retenue à titre disciplinaire sur le traitement du secrétaire de la mairie, jugeait « qu'aucune loi n'avait attribué à la juridiction administrative contentieuse la connaissance des difficultés auxquelles peut donner lieu le règlement des salaires dus par les communes aux secrétaires de mairie ; et qu'en l'absence d'une disposition contraire, c'était aux tribunaux judiciaires qu'il appartenait de connaître de ces difficultés qui se rattachent à des conventions de droit commun (1). »

Six mois après (27 décembre 1879), le même tribunal décidait que la révocation des employés municipaux

(1) D. P. 79. 3. 67. et Revue générale d'administration, 1879. II. 437 (note).

était, comme la nomination, un acte administratif échappant à l'appréciation des tribunaux civils. La contestation ne portait cependant pas sur la légalité de la révocation, mais seulement sur la réparation du préjudice causé à un architecte voyer par la rupture de la convention intervenue entre lui et la ville d'Autun. Le tribunal des conflits, dans un nouvel arrêté du 7 août 1880, a confirmé cette doctrine en l'appliquant à un emploi qui avait été attribué au concours ; et par deux arrêts du 7 juillet 1880, la Cour de cassation s'y est ralliée. Jusque-là, la question n'avait été débattue qu'entre les Cours d'appel et les tribunaux de première instance.

Le triomphe de ce système a eu pour conséquence de priver de tout recours l'employé révoqué de ses fonctions par le maire, faute de juridiction compétente pour en connaître. Il s'en présenta vite des exemples.

En 1875, après délibération du conseil municipal, un arrêté, pris par le maire de Marseille, appelait à la direction de la voirie de cette ville un ingénieur des ponts et chaussées, mais deux ans après, une nouvelle délibération du conseil ayant supprimé son emploi, le fonctionnaire en fut relevé par un arrêté municipal.

Croyant avoir droit à une indemnité, il assigna la commune de Marseille devant l'autorité judiciaire, qui se déclara incompétente (Aix, 8 août 1878) ; il s'adressa alors au conseil de préfecture ; mais bien qu'il eût été chargé de travaux publics, il était impossible à cette juridiction, eût-elle la meilleure volonté du monde, de voir une corrélation entre les travaux de voirie et la demande en indemnité pour cause de révocation ;

aussi se reconnut-elle incompétente (1), et son arrêté fut confirmé par le Conseil d'État. Si le conseil de préfecture était incompétent, il semble que c'était au ministre de l'intérieur qu'il appartenait de trancher la question ; mais dans la même affaire le Conseil d'État déclara qu'il n'y avait pas place davantage pour la compétence ministérielle (arrêt du 12 janvier 1883) (2). Néanmoins, le 13 janvier 1883, une décision du ministre de l'intérieur, saisi par un architecte com-munal, jugeait qu'en prononçant sa révocation, le maire avait fait un acte qui rentrait dans ses attri-butions administratives, et qui ne pouvait donner lieu au profit de l'architecte à une action en indemnité contre la commune (3).

La doctrine sanctionnée par le ministre de l'inté-rieur a été remarquablement exposée par M. Cazalens, commissaire du gouvernement près du tribunal des conflits (27 décembre 1879). Son premier argument est tiré du principe de la séparation des autorités administrative et judiciaire : aux termes de l'article 12 de la loi du 18 juillet 1837 (4), dit-il, « le maire nomme à tous les emplois communaux pour lesquels la loi ne prescrit pas un mode spécial de nomination ; il suspend et révoque les titulaires de ces emplois. Lors donc que le maire, usant de ces pouvoirs, révoque un employé municipal, il fait acte d'administration, puisqu'il s'agit d'assurer le fonctionnement des services publics com-

(1) Même solution : Conseil d'Etat, 15 juin 1888. D. P. 89. 8. 93.

(2) Cf. Rev. génér. d'adm. 1883. I. 185. D. P. 84. 3. 75. Cf. également Conseil d'Etat, 28 février 1879, D. P. 79. 3. 68.

(3) Cf. Rev. génér. d'adm. 1883. II. 334.

(4) Aujourd'hui art. 88 de la loi du 5 avril 1884, qui en reproduit les ermes.

munaux, et, dès lors, le juge civil ne saurait sans excéder ses pouvoirs, statuer sur la demande en dommages-intérêts. En effet, une telle demande implique l'examen de la légalité de l'arrêté, et il résulte de la jurisprudence du tribunal des conflits que l'autorité judiciaire n'a pas le droit d'apprécier la légalité d'un acte administratif, même à l'occasion d'une demande en dommages-intérêts introduite sur le fondement de cet acte. »

En second lieu, M. le commissaire du gouvernement reconnait bien qu'entre la commune et ses employés, il intervient un contrat synallagmatique, mais, quand même ces employés ne seraient pas des fonctionnaires publics, le contrat qui les lie n'est point un contrat de droit commun, ou le louage de services, réglé par les articles 1779 et 1780 du Code civil, car l'une des parties contractantes est le maire de la commune, stipulant pour assurer l'exécution des services publics communaux; de son côté, la convention est donc administrative. Elle l'est aussi du côté de l'employé qui s'engage à faire fonctionner ces mêmes services ; et on ne saurait du reste, sans méconnaître la réalité des choses comparer à l'employé d'un particulier celui d'une commune qui surveille et dirige les travaux communaux, qui signale à l'autorité compétente les contraventions aux règlements de voirie , qui prépare la rédaction des procès-verbaux, etc... (1)

Malgré toute l'autorité que le nom de M. Cazalens

(1) Cf. Aix, 8 août et 10 décembre 1878. D. P. 79. 2. 161. — Nimes, 24 février 1879. D. P. 79. 2. 164. — Tribunal des conflits, 27 décembre 1879. D. P. 80. 3. 89, et 7 août 1880. D. P. 82. 3. 27. — Cassation 7 juillet 1880. D. P. 80. 1, 368.

donne à ce système, nous ne pouvons nous y rallier ni accepter les arguments sur lesquels il s'appuie.

Il y a d'ailleurs certains salariés municipaux qui doivent être écartés de la question : ce sont les gardes champêtres, et tous les agents de la police municipale énumérés dans l'article 103 § 3. Sans doute, nous les avons classés parmi les préposés de la commune, mais cette qualité n'est point une raison suffisante : on conçoit parfaitement qu'ils puissent engager la responsabilité de la commune par leurs actes délictueux, sans qu'ils aient droit pour cela à une indemnité quand ils sont révoqués. Au surplus, à leur égard, on ne soulève guère de contestation : on considère ces agents comme des représentants du gouvernement, ou, tout au moins, comme recevant une délégation de la puissance publique qui ne permet pas de les assimiler à des serviteurs à gages ; cela donne à l'arrêté qui les révoque comme à celui qui les nomme, tous les caractères d'un acte administratif échappant au contrôle de l'autorité judiciaire. Nous n'osons pas nous approprier cet argument qui ne nous paraît pas inébranlable. Nous croyons plus juste de dire que la révocation des agents dont nous parlons n'émane pas de l'administration municipale, puisque le préfet seul a le pouvoir de la prononcer, et que si le maire intervient, c'est pour y donner son avis quand il est demandé ; dans ces conditions, le recours contre la commune manque de base, et s'il y a matière à responsabilité ce n'est pas à elle de l'endosser. Aussi nous n'hésiterions pas à appliquer la même règle à tous les agents qui, recevant de la commune leur salaire ou leur traitement, ne sont cependant pas révoqués par son mandataire.

Une autre catégorie d'employés qui sont laissés en dehors de la discussion, ce sont tous ceux à qui la commune confie un service temporaire, ou qu'elle emploie à titre d'auxiliaires. Ce sont ses experts, ses médecins, ou encore les individus chargés d'établir le recensement de la population. A propos de ces derniers, le tribunal des conflits a reconnu qu'il intervenait entre eux et la municipalité un véritable louage de services, et que, par suite, l'autorité judiciaire était seule compétente sur la demande en paîment de déboursés ou d'honoraires dirigée contre la commune. En effet, il s'agit en pareil cas d'un travail spécial, dont les conditions sont librement débattues avec les particuliers qui en sont chargés, et qui ne saurait point leur conférer le caractère de véritables employés communaux (1).

Cette décision du tribunal des conflits est importante, parce qu'elle rend assez fragile l'ensemble de son système, en y introduisant de graves contradictions. En effet, les emplois auxquels nous venons de faire allusion, s'ils sont attribués à titre temporaire, ou en vue d'un travail spécial, ne le sont pas moins par le maire qui en reçoit le pouvoir de l'article 88 ; or rien ne l'empéche de le faire par un acte administratif dans sa forme, par un arrêté ; et, d'un autre côté, nous ne voyons aucun obstacle à ce que ces auxiliaires, ces entrepreneurs d'ouvrage, soient appelés à concourir au fonctionnement d'un service public, caractère qu'on ne peut pas refuser, du reste, aux opérations du recensement.

Au fond, ce qui est vrai de ces individus, l'est éga-

(1) Tribunal des conflits, 17 mai 1873. D. P. 74. 3. 34.

lement de tous les employés, de tous les agents de la commune. Sans doute il est incontestable que l'article 88 de la loi municipale confère au maire un pouvoir administratif et que l'arrêté par lequel il nomme et révoque un employé est un acte administratif; mais que faut-il en conclure? Deux choses : d'abord que le tribunal saisi de la demande en indemnité n'a pas le droit d'ordonner la réintégration de l'employé dans ses fonctions, et ensuite que l'autorité administrative sera seule juge de la validité de l'arrêté, ce qui pourra soulever certaines questions préjudicielles à débattre devant elle, celle de savoir, par exemple, si le conseiller muni-. cipal, par lequel a été révoqué l'employé, avait une délégation valable. Là se borne l'application du principe de la séparation des autorités administrative et judiciaire. L'arrêté du maire est une forme et il est impuissant par lui-même à changer la nature des rapports juridiques qui existent entre une commune et son employé, pas plus que la seule signature du maire ne suffit à modifier la nature et les conséquences d'une convention, sur laquelle il l'appose au nom de la commune (1).

De quelle nature sont donc ces rapports? L'existence d'une convention n'est point contestée, seulement on prétend que cette convention est purement administrative. La thèse est donc qu'il existe vis-à-vis des communes, de même que vis-à-vis de l'Etat, certains

____

(1) C'est ainsi que le Conseil d'Etat a jugé qu'une vente, passée entre une commune et un particulier, n'en tombait pas moins sous la compétence des tribunaux judiciaires, bien qu'elle eût été passée dans une forme administrative et revêtue de l'approbation du préfet. (15 novembre 1878. D. P. 79. 3. 28). — Cf. encore Cassation, 29 janvier 1889. D. P. 89. 1. 237.

contrats qu'on qualifie d'administratifs et qui échappe-
.raient à la compétence judiciaire à cause de leur objet,
le fonctionnement d'un service public. Déjà à l'égard
de l'État, cette théorie est assez énergiquement contestée (1) : mais à l'égard des communes, la jurisprudence
avait toujours été constante pour reconnaître que tous
les contrats, passés en leur nom avec des particuliers,
tombaient sous la compétence judiciaire. On n'avait fait
d'exception que pour les contrats relatifs à des travaux
publics, parce que là on se heurtait devant un texte de
loi, l'article 4 § 2 de la loi du 28 pluviôse an VIII. Or
aucun texte n'attribue à la juridiction administrative la
connaissance des conventions passées entre les communes et leurs employés ; en lui donnant cette compétence, le tribunal des conflits crée donc une exception
de sa propre autorité (2).

Nous n'entreprendrons point de comparer les employés d'un particulier et ceux d'une commune, mais
il nous serait bien difficile d'établir une différence, sur
le terrain où s'est placé M. Cazalens, entre ces derniers et les employés d'une de nos grandes compagnies de chemins de fer : aussi bien que l'architecte-
voyer communal, le chef cantonnier préposé à la
surveillance de la voie peut signaler à l'autorité compétente des contraventions aux règlements, préparer la
rédaction de procès-verbaux. Or a-t-on jamais essayé
de soutenir que le contrat de travail qui lie ces com-

---

(1) Cf. notamment Cassation, 10 décembre 1878. D. P. 79. 1. 113.

(2) Cf. Lyon, 3 février 1872. D. P. 73. 2. 33 et 34. et 10 juillet 1874. D. P.
75. 5. 279. — Tribunal de Marseille, 2 août 1878. D. P. 79. 2. 162. — Tribunal d'Alais, 14 août 1878. D. P. 79. 2. 163. — Tribunal des conflits,
14 juin 1879. D. P. 79. 3. 67. — Th. Ducrocq, Cours de Droit administratif, T. II, § 1484. — Hallays Dabot, Recueil des arrêts du Conseil
d'Etat, 1880, p. 754.

pagnies avec leurs ingénieurs, leurs cantonniers, leurs hommes d'équipe ne relève point de l'autorité judiciaire ? il serait pourtant logique de le décider si l'intérêt qui s'attache au fonctionnement régulier des services publics pouvait suffire à lui seul pour la dessaisir ; car, à coup sûr, s'il y a un service public important, c'est bien celui que les compagnies de chemins de fer doivent diriger et exploiter.

On a vu les conséquences du système que nous venons de réfuter : c'est le déni de justice élevé à la hauteur d'une institution. Est-il juste pourtant de livrer à l'arbitraire ou à la rancune des maires, ou même de ceux qui en remplissent momentanément les fonctions, toute la classe des employés ou des salariés communaux ? C'est exposer les communes à de graves inconvénients et créer des obstacles au bon recrutement de leur personnel que de laisser sans recours efficace des individus liés vis-à-vis d'elles, et exposés à subir, sans avoir de fautes à se reprocher, le contre-coup des changements qui peuvent survenir tous les quatre ans dans l'administration d'une commune.

On éviterait en partie ce danger en distinguant deux choses dans la révocation des employés municipaux : un arrêté municipal qui est par lui-même à l'abri des atteintes du pouvoir judiciaire, et la résiliation d'un contrat de louage de services qui, si elle n'intervient pas conformément à la clause de la convention ou aux usages locaux nettement établis, donnerait lieu à une indemnité, et cette indemnité serait fixée par les tribunaux judiciaires, non pas à titre de pénalité, mais comme moyen de subsistance pendant le temps nécessaire à la recherche d'un nouvel emploi.

TITRE II

Responsabilité en cas de dégâts
et de dommages causés par des attroupements
armés ou non armés

Nous avons dit au cours du précédent titre que si la commune était responsable des délits et quasi-délits commis par ses préposés, elle ne l'était pas, en principe, de ceux commis par ses habitants, mais nous avons signalé en même temps une exception fort importante, admise par la loi, en cas de dommages et de dégâts causés par des attroupements armés ou non armés.

Cette application toute spéciale de la responsabilité, complètement en dehors des règles du Code civil, bien qu'on la considère souvent comme une extension très large du principe de l'article 1382, fut longtemps réglée par la loi du 10 vendémiaire an IV. Aujourd'hui elle résulte des articles 106 à 109 de la loi municipale de 1884. Il ne s'agit plus ici de faits individuels, mais de faits ayant un caractère collectif ou public : la loi impose aux communes l'obligation de prévenir par les moyens à leur portée toutes causes de désordres qui peuvent surgir, et, en conséquence, établissant une présomption de faute contre elles ou plutôt contre leurs habitants qui ont commis ou laissé commettre l'attentat, elle fait peser sur la communauté entière la réparation des intérêts lésés.

Avant d'étudier les conditions et les limites de cette responsabilité, nous en indiquerons rapidement l'histoire et le fondement.

I. — L'idée de rendre les communautés d'habitants responsables des crimes et délits commis sur leurs territoires n'était pas nouvelle quand on songea, sous le droit intermédiaire, à la mettre en pratique avec l'espérance d'apporter un frein aux désordres qui éclataient de toutes parts. L'une des constantes préoccupations de l'Assemblée constituante fut de prévenir ou de réprimer des soulèvements. Dès le 21 octobre 1790, elle rendait un décret contre les attroupements : ce fut la loi martiale, qui fit retomber sur les officiers municipaux la charge de rétablir l'ordre sous leur responsabilité toutes les fois que la tranquillité publique était en péril. Cette loi, complétée par un décret du 26 juillet 1791, relatif à la réquisition de la force publique contre les attroupements, les définissait « toute réunion d'hommes au-dessus du nombre quinze, avec ou sans armes dans les rues ou places publiques. »

Avant que la loi du 14 décembre 1789 eût organisé les municipalités, l'Assemblée avait déjà imaginé de faire peser sur elles les conséquences des désordres qu'elle-même était impuissante à étouffer (1); mais ce fut le décret des 23-26 février qui consacra cette lourde responsabilité par une formule précise : « Lors-

(1) Cf. le décret des 14-27 novembre 1789.

qu'il aura été causé quelques dommages par un attroupement, la commune en répondra si elle a été requise et si elle a pu l'empêcher sauf le recours contre les auteurs de l'attroupement, et la responsabilité sera jugée par les tribunaux des lieux sur la réquisition du directeur du district (art. 5). » La réquisition des communes limitrophes fut autorisée par un décret des 26 juillet - 3 août 1791 qui rendit celles qui auraient refusé de prêter main-forte responsables envers les personnes lésées. Nous noterons encore celui du 17 juillet 1792, en vertu duquel les frais avancés par le Trésor pour le déplacement de la force publique sont mis à la charge des départements et communes où les troubles ont éclaté et le montant imposé par sous additionnels sur la contribution foncière et mobilière, sauf recours contre les instigateurs et les complices de ces troubles.

Toutes ces mesures devaient pâlir devant celles qui furent prises par la Convention. Elle déploya contre les communes une sévérité rigoureuse, d'abord par la loi du 16 prairial an III, pour réprimer les pillages des grains, farines ou subsistances ; puis et surtout par la fameuse loi du 10 vendémiaire an IV, sur la police intérieure des communes, loi qui fut un des derniers actes de cette Assemblée, et comme une tentative désespérée pour ramener la tranquillité publique et calmer l'effervescence populaire. Le titre Ier déclarait tous les habitants d'une commune garants civilement des attentats commis sur le territoire de cette commune soit envers les personnes, soit envers les propriétés ; mais le titre IV limitait cette responsabilité aux crimes commis à force ouverte par les attroupements armés ou non armés ; faute par les habitants de pouvoir faire la restitution en nature des objets pillés ou détruits, la loi leur imposait le paiment du double de leur valeur, indépendamment de dommages-intérêts qui ne pouvaient être fixés au-dessous de cette même valeur, et d'une amende égale au profit de l'État. A cet effet elle organisait une procédure sommaire, et le montant des condamnations devait être avancé par les vingt plus forts contribuables, en attendant qu'ils soient ensuite remboursés au moyen d'une répartition sur tous les habitants.

La Révolution passée, la jurisprudence n'hésita guère à faire l'application de cette loi : « Considérant, disait un arrêt de la Cour de Douai, que la loi du 10 vendémiaire an IV n'est point incompatible avec le gouvernement royal ; que vainement on a prétendu que cette loi n'avait été rendue qu'en haine de la dynastie de nos rois légitimes et pour empêcher les mouvements que pouvaient faire naître en France le désir bien naturel de replacer les Bourbons sur le trône ; qu'il est constant au contraire que le maintien de l'ordre a provoqué dans tous les temps et chez tous les gouvernements des dispositions législatives semblables ou équivalentes... » (1). Seul un arrêt de la Cour de Bordeaux, du 19 mars 1834 (2), jugea que si la nomination des officiers municipaux par le gouvernement, à l'époque où se passaient les faits du procès n'avait pas entraîné l'abrogation de cette loi, écrite

(1) Douai, 27 novembre 1816. Annales de la Cour royale de Douai ou Recueil de ses arrêts, T. I. p. 141, et 13 décembre 1817, T. I. p. 158 (2 vol. 1810-1819).

(2) D. P. 34. 2. 167, et J. G. V° Commune, § 2097.

pour des municipalités élues, il fallait tenir compte de
cette circonstance et ne pas l'appliquer dans la
cause. Cinq ans plus tard, la même Cour n'avait plus
aucun scrupule pour appliquer la loi de vendémiaire
à la même ville de Bordeaux, et, à une époque plus
récente, les malheureux événements de 1871 furent
l'occasion d'un grand nombre de décisions nouvelles.

Le nouveau Code municipal, la loi du 6 avril 1884
a conservé le principe même de la loi de vendémiaire
an IV, la responsabilité des communes à raison des
crimes et délits commis à force ouverte par des attroupements armés ou non armés ; mais elle a eu soin
d'élaguer tout ce que son application avait de trop
rigoureux, et de le débarrasser du mécanisme suranné
dont il avait été entouré et depuis longtemps hors
d'usage. Il faut dire ici que certaines dispositions de
cette loi draconienne, sans avoir jamais été abrogées
formellement par un acte législatif, avaient cessé
depuis longtemps d'être appliquées par la jurisprudence.

II. — Si la loi de vendémiaire an IV a survécu, ce
n'est pas faute d'avoir essuyé de rudes attaques (1).
Son vice était un vice de constitution : appel désespéré
d'un pouvoir défaillant et impuissant à maintenir
l'ordre, elle n'avait jamais été qu'une loi de circonstance, et il y avait longtemps qu'elle n'était plus
d'accord avec la législation et les institutions. Aussi,
lors de la discussion du projet déposé en 1883 par la
commission de la loi municipale, non-seulement son
abrogation fut-elle décidée sans aucune opposition,

(1) Cf. Touiller. Le Droit français. T. XI. § 328.

mais des objections s'élevèrent contre le principe lui-
même, quand il fut question de le conserver (1).

Sur quelle base, en effet, l'appuiera-t-on ? sera-ce
sur l'esprit de solidarité qui doit animer les membres
d'une même commune ? mais alors il serait logique
d'étendre le principe attaqué à tous les cas de force
majeure, à tous les sinistres qui frapperaient quelques-
uns des habitants, et la grêle ne pourrait plus anéantir
une récolte, sans que tous fussent tenus vis-à-vis de
celui qui la perd. Sera-ce au contraire l'idée d'une
peine infligée par la loi à ceux qui n'ont pas fait leurs
efforts pour disperser ou éviter les attroupements séditieux ? Cela devient injuste, parce que cette peine
frappera des individus incapables de prendre part à la
défense de la commune : les femmes, les vieillards et
les enfants. L'une et l'autre idée conduisent donc à des
conséquences dangereuses, et l'on risque même de
rencontrer des combinaisons, des hypothèses où il sera
impossible d'appliquer la loi : osera-t-on reprocher
aux habitants d'une commune de n'avoir pas pu empêcher trois ou quatre malfaiteurs de cette commune,
joints à d'autres qui lui sont étrangers, d'aller jeter le
trouble pendant la nuit sur le territoire de quelque
commune éloignée ? D'ailleurs, il n'est point juste de
limiter la responsabilité communale aux dégâts causés
par des attroupements : pourquoi ne pas la rendre
responsable de la négligence du maire qui n'a pas su
empêcher la perpétration d'un crime individuel ? et
la négligence des habitants est certainement plus lâche
quand il s'agit d'empêcher le mal causé par un seul

(1) Cf. Discours de M. Batbie, séance du Sénat du 18 février 1884.
Doc. parlement. p. 256 et suiv.

malfaiteur que s'il faut braver un attroupement, une bande d'escarpes, souvent nombreuse et armée.

Ce dernier argument n'est point péremptoire. Comme le disait M. de Marcère dans l'un de ses rapports, contre une agression isolée, individuelle, chacun est en état de se défendre, et les moyens habituels de la police suffisent à la sécurité des habitants; il n'en est pas de même contre une troupe d'agresseurs. La commune, du reste, n'est pas obligée d'empêcher l'accomplissement de tous les délits spéciaux prévus par les lois, tandis qu'elle doit prendre toutes les mesures de sureté générale de nature à prévenir les troubles.

La véritable base de la responsabilité communale, en cas de dommages causés par des attroupements, c'est l'idée de faute; seulement, ici il y a quelque chose de plus, car la faute est présumée par la loi.

L'idée de faute est facile à justifier : en effet la commune constitue un corps moral qui a la police de son territoire; il lui appartient d'empêcher les désordres de s'y commettre et de s'opposer à ce que des bandes de malfaiteurs ne molestent les habitants et ne détruisent leurs propriétés. Le maire, en qui la loi incarne cette obligation, a le pouvoir de mettre en mouvement la force publique pour dissiper les rassemblements quand il n'a pu les prévenir ; cela suffit pour donner lieu à une responsabilité et non pas à une peine ; la commune a commis une négligence ou une faute, qui fait naître pour elle une obligation, celle d'en réparer les suites. Elle serait d'ailleurs sans droit de la rejeter sur le maire personnellement, car étant appelée à élire ses administrateurs, elle se trouve vis-à-vis d'eux dans la situation d'un mandant à l'égard de son mandataire.

Ce raisonnement nous paraîtrait indiscutable si la loi s'était bornée à frapper les communes dans leur personnalité, mais elle a jugé que ce remède manquerait d'énergie, et pour mieux enrayer le mal elle a voulu viser les habitants eux-mêmes. Pour admettre cette grave dérogation au principe de l'imputabilité des fautes, elle est partie de ce fait que l'administration municipale est élue par les habitants, pas par tous, il est vrai, mais il ne faut pas oublier qu'en vertu d'une règle de notre droit public, un mandataire élu, quel qu'il soit, représente l'ensemble de sa circonscription et non seulement ceux qui ont voté pour lui. En rejetant sur les habitants les conséquences de la responsabilité, la loi espérait sans doute que les citoyens de la commune pèseraient d'avantage les conséquences de leur choix, et n'accorderaient leur confiance qu'à ceux qui la méritent. Peut-être désirait-elle aussi les intéresser tous au maintien du bon ordre, et à la répression des troubles, les inviter même à user de leur influence pour écarter les rassemblements tumultueux, et au besoin à remédier par leur initiative à l'insuffisance de la force armée, ou se substituer à l'autorité si celle-ci s'enfermait dans une coupable inaction.

Les décisions de la jurisprudence prouvent assez que ce vœu a rarement rencontré beaucoup d'écho, et que cette mesure incapable d'inspirer le moindre scrupule aux malfaiteurs avides des occasions de soulever des troubles, est en définitive beaucoup plus répressive que préventive.

Des considérations analogues, ou cette nécessité d'assurer le maintien de l'ordre public par tous les moyens, a inspiré la présomption légale de faute établie contre les communes. C'est une dérogation formelle et rigoureuse aux règles ordinaires de la preuve, et à ce principe de droit naturel que la faute ne se présume point. En cas de dommages causés par des attroupements, la commune est donc responsable ; à moins d'apporter la preuve qu'elle n'a commis aucune faute, ou qu'elle a pris toutes les mesures en son pouvoir pour prévenir les attroupements.

Lors de la discussion, un amendement fut présenté par M. Bernard devant la Chambre des députés pour revenir au droit commun et laisser à la personne lésée le soin de prouver la faute de la commune. L'amendement fut repoussé sur cette simple observation que « cette présomption légale qui est nécessaire, qui n'est que la conséquence même du devoir de solidarité, d'assistance commune qui relie tous les habitants de la commune, ce principe de la responsabilité ne doit pas s'appliquer quand la commune prouve que toutes les précautions ont été prises pour établir le bon ordre et la sécurité » (1). C'est tout ce qui fut dit pour démontrer la nécessité de cette dérogation ; comme le fit remarquer M. Bernard, la commune aura le plus souvent beaucoup de peine à fournir cette preuve, et cela revient à dire qu'elle sera responsable dans tous les cas, quoi qu'elle dise ou qu'elle fasse pour éviter cette conséquence.

(1) Chambre des députés, séance du 27 octobre 1883. Doc. parlemen.. p. 208.

CHAPITRE PREMIER

Des cas dans lesquels la commune est responsable.

L'article 106 § 1er de la loi municipale, qui n'est que la reproduction presque textuelle de l'article 1er, titre IV de la loi de vendémiaire, stipule : « Les communes sont civilement responsables des dégâts et dommages résultant des crimes et délits commis à force ouverte ou par violence par des attroupements ou rassemblements armés, ou non armés, soit envers les personnes, soit envers les propriétés publiques ou privées. » Cet article formule trois conditions pour que les communes soient déclarées responsables :

1º Il faut des dégâts ou dommages ;

2º Ces dégâts ou dommages doivent résulter de crimes et délits commis à force ouverte, ou par violence ;

3º Les crimes et les délits doivent avoir été commis par des attroupements armés ou non armés.

I. — La première condition n'est qu'une conséquence de ce principe : sans intérêt pas d'action. Des dégâts et des dommages doivent avoir été causés contre les personnes ou contre les propriétés; car s'il n'y a pas eu de préjudice, il n'y a pas d'indemnité à réclamer, et il ne saurait être alors question de responsabilité pour la commune.

L'article 106 dit : soit envers les personnes, soit envers les propriétés publiques ou privées.

A. — Envers des personnes, il faut un dommage matériel, tel que le meurtre ou des blessures. Il est vrai que la loi ne semble faire aucune distinction. Néanmoins nous croyons que la simple atteinte à l'honneur ou à la considération d'une personne, cette atteinte fût-elle délictueuse, ne suffirait pas à elle seule pour engager la responsabilité de la commune, si les injures et les outrages proférés publiquement par une bande d'individus n'étaient pas accompagnés de violences, car la loi exige précisément cette seconde condition.

Toute personne lésée par les actes de violence aurait droit à une réparation, à moins qu'elle ne soit elle-même l'un des auteurs des crimes et délits ; et la commune serait tenue tant envers ceux qui avaient pour devoir de réprimer la sédition qu'envers ceux qui auraient volontairement prêté leur concours à l'autorité.

B. — Contre des propriétés, il importe peu que les dommages aient été causés sur des meubles ou sur des immeubles. Cela fut contesté sous la loi de vendémiaire ; on a soutenu, quant aux meubles, que la loi s'appliquait seulement au pillage des grains, farines et subsistances ; mais une jurisprudence constante a affirmé et maintenu la règle générale. C'est aussi celle-là que l'article 106 a voulu consacrer par le mot *propriétés ;* il faut donc entendre ce mot dans son sens le plus général : le but du législateur était de sévir contre les communes dont les administrateurs s'étaient montrés négligents, et d'indemniser la victime de tout

le préjudice qu'elle a subi ; du reste, puisqu'il renon-
çait à ordonner des réparations différentes suivant
qu'il s'agissait de meubles ou d'immeubles, il était
superflu de faire mention des deux classes de biens,
comme l'avait fait la loi de vendémiaire.

Par propriétés publiques, il faut entendre les biens
de l'Etat, des départements, des communes, des sections de communes ou des établissements publics.

Les communes sont comprises dans cette énumération, car rien ne s'oppose à ce qu'une commune possède des propriétés, même publiques, sur le territoire
d'une autre ; il peut aussi arriver que les attroupements soient composés de gens habitant différentes
communes, ce qui engagerait la responsabilité de
chacune d'elles, et si l'une avait subi des dégâts dans
ses biens, elle aurait son recours contre les autres
pour leur faire subir leur part de responsabilité. Mais,
en ce qui concerne sa propre part, nous ne lui accor-
dons de recours que contre les auteurs des actes criminels ; elle ne pourrait pas se faire indemniser par
une répartition entre ses habitants, tout au moins de
plein droit : en effet, elle constitue une personne distincte de ces derniers, et elle a son patrimoine propre ;
or, pour avoir le droit de se faire indemniser des
dégâts causés à son domaine, il faudrait qu'elle ne fût
coupable d'aucune faute, ce qu'elle devra précisément
prouver, puisque, cette faute, la loi la présume jusqu'à
preuve contraire.

II. — Les faits dommageables doivent être qualifiés
crimes ou délits par la loi pénale et constituer des
actes de violence. Cela résulte des termes de l'art. 106,

qu'on doit interpréter rigoureusement, par ce qu'il
est une disposition exceptionnelle ; et cela exclut tous
les dommages qui résultent de délits ou quasi-délits
purement civils. Il faudra donc toujours que les faits
soient susceptibles d'une poursuite criminelle ou correctionnelle, mais cette poursuite n'est pas indispensable, et quand, par exemple, faute de pouvoir découvrir les auteurs des crimes, elle ne peut avoir lieu, la
commune n'est pas pour cela à l'abri de l'action en
responsabilité. Il en serait de même si une amnistie
avait été promulguée relativement aux faits qui l'occasionnent, car cette amnistie en absolvant leurs auteurs
ne saurait faire que des crimes et des délits n'aient pas
été commis et d'ailleurs elle est impuissante à éteindre
la responsabilité civile.

La commune ne serait pas responsable de toute
espèce de délits ou de crimes, il faut qu'ils aient été
commis à force ouverte ou par violences, qu'ils constituent des actes de violence ou qu'ils les accompagnent.
En se bornant à cette détermination un peu vague, le
législateur a indiqué sa volonté de s'en rapporter ici à
la discrétion des juges, pourvu qu'il s'agisse de violences bien caractérisées comme l'usage de la force dans
une émeute, une sédition ou une mutinerie (1).

Il n'est pas nécessaire que les auteurs des crimes ou
des délits aient rencontré une résistance de la part
des habitants contre lesquels ils se sont acharnés (2) ;
et cette circonstance que les faits se seraient passés la

(1) Bordeaux, 3 janvier 1839. D. J. G. Vᵒ Commune, § 2677. Cassation,
13 novembre 1871. S. 72. 1. 175. Montpellier, 22 janvier 1873. D. J. G.
Sup. Vᵒ commune, § 1297.

(2) Amiens, 29 juin 1874. S. 74. 2. 213.

nuit n'ôteraient point leur caractère aux attentats que l'art. 106 aurait eu pour objet de réprimer s'ils ont eu lieu à force ouverte (1). De pareilles restrictions conduiraient fatalement à laisser sans défense les propriétés qui, par l'absence ou par l'impuissance de leurs propriétaires, appellent plus particulièrement la protection publique.

Puisque les violences doivent être délictueuses, elles doivent résulter d'une intention criminelle. D'où l'on peut conclure que la responsabilité de la commune ne serait pas engagée par un excès de pouvoir du maire, tel que l'ordre illégalement donné par lui à un rassemblement de violer un héritage, d'en expulser les occupants ou d'y causer des dommages ; cela ne saurait être assimilé aux attentats commis par une bande insurrectionnelle (2). A *fortiori* en serait-il de même si le maire avait eu le droit, à titre soit de fonctionnaire municipal, soit de représentant du pouvoir central, de commander ces dégâts ou dommages aux propriétés, quand, par exemple, il prend les mesures utiles pour combattre une calamité qui menace la commune, une inondation ou un incendie (3). Dans des cas pareils, il n'y aurait pas même besoin que les mesures aient été ordonnées par le maire, et, si, en l'absence de l'autorité municipale, elles avaient été prises spontanément par un rassemblement d'habitants, s'ils avaient, pour résister au fléau, éviter un malheur commun ou porter secours à leurs concitoyens, détruit ou détérioré des propriétés, leurs possesseurs n'au-

(1) Cassat., 2 mai 1842.
(2) Lyon, 22 juillet 1873. D. J. G. Sup. V° commune ʃ 1296.
(3) Angers, 1ᵉʳ juin 1842.

raient pas l'action de l'article 106 afin de faire peser sur la commune les conséquences de ces déprédations : il faudrait recourir au droit commun pour savoir si c'est à elle de les supporter.

III. — La loi exige enfin que les crimes et les délits aient été commis par des attroupements armés ou non armés. Elle ne frappe les communes que pour des faits qui ont un caractère collectif, et sont la conséquence d'un soulèment ou d'une émeute. Hors de là, la responsabilité deviendrait vexatoire. Les législateurs de la Convention ne s'étaient pourtant guère émus de cette considération, car la loi de vendémiaire an IV déclarait la commune responsable quand un cultivateur refusait d'obtempérer à une réquisition légalement faite pour transports et charrois, et quand un fermier à part de fruits ne payait pas au terme échu la portion due au propriétaire (art. 9 et 10. Tit. IV).

Aucun texte législatif ne spécifie ce qu'il faut entendre par un attroupement ou rassemblement : c'est une réunion accidentelle, à la différence de l'association de malfaiteurs ; mais combien devra-t-elle comprendre d'individus pour qu'elle ait ce caractère ?

Depuis la loi martiale, qui a fixé à quinze personnes ce nombre minimum (1), mais qui depuis longtemps n'est plus en vigueur, plusieurs lois ont été rendues sur les attroupements ; aucune n'a songé à les caractériser.

C'est le cas de l'article 109 du Code pénal ; il est vrai que les articles 209 et 210 qui punissent le crime ou le délit de rébellion distinguent suivant qu'il a été

____

(1) Décret des 27 juillet. - 3 août 1791.

commis par plus ou par moins de vingt personnes;
mais il est impossible de généraliser cette distinction,
qui ne tend pas à déterminer le nombre des personnes
que doit comprendre un attroupement, mais à indiquer
seulement des circonstances qui modifieront la gravité
d'une infraction, et, par voie de conséquence, de la
peine à infliger. Il y a surtout la loi du 10 avril 1831
sur les attroupements et celle du 7 juin 1848 qui l'a
remplacée : ni l'une ni l'autre n'ont pris la peine de
les définir.

Ce silence permet de croire que c'est à bon escient
que le législateur n'a pas résolu la question, et qu'il
laisse aux magistrats ou aux autorités le soin de la
trancher en se guidant sur les circonstances. Cela
ressort à l'évidence de la discussion de la loi de 1831 :
un amendement fut repoussé qui fixait à vingt personnes
le nombre nécessaire pour constituer l'attroupement :
« Il est certain, fut-il dit à cette occasion, que dans
beaucoup de localités, les rassemblements de dix,
douze, quinze personnes pourraient troubler essentiellement la tranquillité publique et que les officiers de
l'ordre administratif et judiciaire seraient dans la nécessité d'agir. » Il faut reconnaitre qu'une règle générale aurait pu devenir parfois embarrassante : l'attroupement ne saurait être caractérisé d'une manière
invariable, attendu que c'est quelque chose de très
relatif, et dont la notion peut différer suivant la population, l'agglomération, ou d'autres éléments de fait,
sans se confondre avec celle d'une foule quelconque (1).

____

(1) La doctrine et la jurisprudence sont parfaitement d'accord aujour-
d'hui sur ce point ; ce qui enlève tout intérêt à la controverse qu'on a
suscitée jadis et que la Cour de Cassation a essayé de trancher en s'ap-

Lorsque la responsabilité d'une commune sera en jeu, les tribunaux décideront donc souverainement si les crimes et délits qui l'occasionnent ont été ou non commis dans un attroupement.

Peu importera, par contre, s'il est armé ou non armé (1), si les auteurs des crimes et des délits ont été découverts ou non; l'attroupement lui-même pourrait ne pas constituer un délit; en effet, il devient seulement punissable après qu'une première sommation de se disperser lui a été inutilement adressée, s'il est armé, ou au moment de la seconde s'il ne l'est pas; or, l'attroupement existe avant d'être délictueux par lui-même, et la loi n'exige point cette condition en matière de responsabilité communale.

Des difficultés se sont élevées parfois sur la composition de l'attroupement : une congrégation, expulsée de son noviciat en vertu d'une délibération du conseil municipal visée et approuvée par le préfet, voulut invoquer contre la commune la loi de vendémiaire, mais la Cour de Lyon refusa d'en faire l'application parce que cette délibération avait été exécutée par un détachement de la garde nationale, convoqué par ses chefs, ayant à sa tête un officier et trois adjoints : la Cour ne

puyant sur un texte de Droit Romain, la loi 4 § 3, D. Vi bon. rapt., XLVII, 8. (Arrêt du 27 avril 1813. Dalloz. J. G. V° Commune, § 2661.) — Cf. Béquet et Dupré, Répert. de Droit administratif, V° Commune, § 2104. — Fuzier-Hermann, Répert. V° Attroupement, § 18. — De Redon de Colombier, Thèse sur la responsabilité des communes, p. 149. — Sourlat, Traité de la responsabilité, t. II, § 1377. — D. J. G. V° Commune, § 1296. — Cassat., 14 février 1872. S. 72. 1. 224.

(1) Loi du 7 juin 1848 : art. 2, L'attroupement est armé : 1° Quand plusieurs des individus qui le composent sont porteurs d'armes apparentes ou cachées; 2° Quand un seul de ces individus porteurs d'armes apparentes n'est pas immédiatement expulsé par ceux-là qui en font partie.

pouvait l'assimiler à un attroupement (1). En revanche la Cour d'Aix a considéré comme un rassemblement séditieux et non comme une troupe régulière une bande qui s'était recrutée elle-même, sous le nom de garde civique, et s'était maintenue à la préfecture au mépris de l'autorité (2).

Peu importe encore la cause, l'origine ou le but de l'attroupement ; peu importe qu'il ait été tout d'abord inoffensif, voire même licite, ou tumultueux dès le début : l'autorité municipale qui a le devoir de surveiller tout rassemblement d'individus, doit éviter qu'il ne se livre à des actes de violence. La ville de Saint-Quentin fut déclarée responsable envers un armurier dont les magasins, envahis par un attroupement, ont été pillés sous le prétexte de se servir des armes et des munitions pour la défense de la ville menacée par un détachement prussien (3). D'autres communes ont subi le même sort à la suite de délits commis à force ouverte dans un théâtre, à l'occasion d'une fête ou de réjouissances publiques, ou encore dans un immeuble servant de local pour une réunion électorale (4).

La commune est donc responsable des délits commis sur son territoire par des attroupements. Cela est naturel quand ces attroupements se composent uniquement d'individus appartenant à cette commune, mais elle ne le serait pas moins s'ils en étaient tous étran-

(1) Lyon, 22 juillet 1875. D. J. G. Sup. Vº Commune, § 1296
(2) Aix, 2 mars 1874. D. P. 74. 2. 218.
(3) Amiens, 29 juin 1874. D. J. G. Sup. Vº Commune, § 1296.
(4) Lyon, 12 décembre 1867, et Cassation, 10 août 1869. D. P. 70. 1. 193. — 23 février 1875. D. P. 75. 1. 201. — 1ᵉʳ décembre 1875. D. P. 76. 1. 73. — Tribunal de Périgueux, 2 février 1888. Rev. génér. d'admin. 1888, t. I, p. 448.

gers, puisque la responsabilité de la commune est fondée sur ce qu'elle a la police de son territoire, et que d'ailleurs l'article 106 ne fait point cette restriction.

Seulement, lorsque les attroupements sont composés d'individus appartenant à plusieurs communes, chacune d'elles, en vertu de l'article 107, est responsable des dégâts et dommages dans la proportion qui sera fixée par les tribunaux. Cette disposition maintient un principe qu'avait déjà posé la loi de vendémiaire dans l'article 3 de son titre IV. Une commune n'a donc pas seulement le devoir de prévenir toutes les causes de désordre qui peuvent surgir sur son territoire ; elle doit encore veiller à ce que ses habitants n'aillent pas se livrer au pillage ou à la dévastation sur le territoire d'une commune voisine. Elle serait responsable quel que soit le nombre de ses habitants qui auraient été grossir ou former le rassemblement (1), et alors même qu'ils ne seraient point sortis de son territoire en état de rassemblement. Cette obligation sera parfois bien rigoureuse, car elle pourra mettre la commune à la merci de quelques vagabonds , à qui prendra l'envie d'aller causer des dommages dans une autre éloignée. Ce sera aux tribunaux à tenir compte, en appréciant l'étendue de la responsabilité, de l'impossibilité où se trouvait cette commune de prévoir que ses habitants commettraient de tels actes, ou de leur petit nombre eu égard à l'ensemble des auteurs ou complices. Les juges trouveront dans le pouvoir discrétionnaire que

(1) Cf. Pourtant Cassat. 30 décembre 1824. D. J. G. Vᵒ Commune 2387.

la loi leur a donné un moyen excellent pour tempérer sa sévérité en ce qu'elle a d'excessif.

Mais que faut-il entendre par habitants dans le sens de l'article 107? Ce sont tous ceux qui résident sur un territoire, y exercent leur profession, et y ont leur gîte. Les articles 106 à 109 sont des dispositions de police et de sûreté auxquelles sont soumis tous ceux qui habitent, même momentanément, sur le territoire d'une commune; il n'est pas nécessaire qu'ils y aient leur domicile (1). La jurisprudence a cependant admis une exception pour les militaires : ils forment dans la commune une sorte de corps indépendant, avec ses chefs à lui et soumis à une discipline spéciale ; l'autorité municipale n'a point d'autorité directe sur eux; il est donc logique de les considérer comme des étrangers, et par conséquent les désordres dont ils auraient été les auteurs n'engageraient pas les communes (2).

Telles sont les conditions générales requises par la loi pour qu'une commune soit responsable des dégâts et dommages commis par des attroupements. Néanmoins, bien que ces conditions soient réunies, il y a quelques hypothèses légalement déterminées où les communes échappent à toute responsabilité. Avant de les passer en revue, nous résoudrons ici deux difficultés déjà anciennes, mais qui ne sont pas tranchées par la loi de 1884.

A. — Nous avons dit plus haut qu'il n'y avait pas à rechercher quel avait été le but de l'attroupement. On s'est pourtant demandé si la commune devait être dé-

(1) Orléans, 30 juin 1849.
(2) Aix, 2 juin 1832. — Nîmes, 3 août 1837.

clarée responsable quand il s'agissait d'une émeute politique et que l'attroupement séditieux s'attaquait à la forme du gouvernement, à l'ordre social.

La Cour de cassation se prononça pour la négative dans un arrêt du 6 avril 1836 (1). Elle s'appuyait sur ce que la loi de vendémiaire an IV, uniquement relative à la police intérieure des communes, n'avait eu pour but que d'assurer la réparation des attentats commis envers les personnes et contre la propriété et n'était pas destinée à réprimer les actes de rébellion à main armée qui ont eu pour but de renverser le gouvernement et de changer la constitution. En pareil cas c'est au gouvernement qu'il appartient de se défendre, et, tout en veillant sur sa conservation propre, de protéger les habitants et les communes ; celles-ci ne sont point directement menacées et leurs autorités perdent leur initiative et leur action.

Cette opinion est contraire au texte de l'article 106 comme elle l'était à celui de vendémiaire : ni l'un ni ni l'autre ne contiennent une pareille distinction. Au contraire, si on remonte à l'histoire de la loi ancienne, on sera vite convaincu que sa promulgation tendait surtout à garantir l'ordre public et la constitution nouvellement établie contre les émeutes politiques, si bien qu'on hésita à appliquer la loi quand les attroupements n'avaient pas d'autre but que le pillage. Les travaux préparatoires de la loi de 1884 montrent que son but a été le même : elle veut rendre les communes solidaires de la sécurité générale en les forçant à arrêter les désordres qui se manifesteraient sur leur terri-

---

(1) Cassat., 6 avril 1836. D. J. G. V° Commune, § 2657. S. 36. 1. 257. — Paris, 27 mars 1838. D. 38. 2. 128, et 9 juillet 1841. D. 41. 2. 252.

toire, et à cet effet, elle a investi le maire d'attributions de police. La commune est toujours en faute quand elle a laissé naître ou se développer des troubles, mais plus le péril est grand, plus sa négligence serait coupable, plus l'autorité municipale, la première appelée à réprimer l'émeute, doit redoubler de vigilance et d'activité. Aussi la logique exige-t-elle que la commune soit responsable de l'émeute politique aussi bien que de celle qui a un caractère local.

La Cour de cassation a abandonné sa première jurisprudence pour se rallier à ce système (1). Depuis la la loi de 1884, la question ne s'est pas encore posée, mais il n'est pas douteux qu'elle devrait recevoir la même solution.

B. — Une commune est-elle tenue de réparer les dégâts et dommages causés en dispersant les attroupements et les rassemblements ?

Il semble que la commune ne doit être déclarée responsable que si les dégâts et les dommages sont le résultat de rassemblements tumultueux, d'attroupements séditieux : la loi n'en prévoit pas d'autres ; or ce caractère n'est guère compatible avec celui des dépositaires de la force publique même dans le cas où ils abuseraient de leur pouvoir. Rendre les communes responsables des dégâts causés par eux en réprimant l'émeute, ce serait exagérer la sévérité de la loi ; ce serait aussi dépasser son but, car on cesserait d'inté-

____

(1) Orléans. 8 février 1839. D. 39. 2. 217. — Cassation, 14 janvier 1852. D. P. 52. 1. 155, — 23 février 1875. D. P. 75. 1. 221. — 27 avril 1875, D. J. G. Sup. V° Commune, ſ 1303. — 1er décembre 1875, D. P. 76. 1. 73. — Trib. de Marseille, 21 décembre 1872. D. J. G. Sup. V° Commune, ſ 1295.

resser aussi directement les communes au maintien de l'ordre ; enfin cela ne se concilierait guère avec la disposition qui exonère la commune de toute responsabilité dans le cas où elle aurait pris les mesures en son pouvoir pour prévenir les rassemblements (1).

Cette solution, ajoute-t-on, douteuse, à la rigueur, sous la loi de vendémiaire, est devenue certaine avec la loi de 1884. On remarquera, en effet, que la première déclarait la commune responsable des délits commis à force ouverte ainsi que des dommages-intérêts auxquels ils *donnent lieu ;* ce qui permettait de conclure que la responsabilité était encourue, quelle que fût l'origine des dommages. Or la rédaction de l'article 106 est nettement différente : il déclare les communes responsables des dégâts *résultant* des crimes et des délits, et c'est à dessein que la loi de 1884 s'en est servi, car elle a voulu rompre avec la rigueur excessive de la loi de vendémiaire.

Cette argumentation n'est pas irréfutable. D'abord, elle exagère outre mesure l'importance d'un mot, en lui donnant une portée que le législateur ne cherchait pas. Comment ose-t-on attribuer à un simple mot la puissance de trancher une question qui a complètement échappé aux rédacteurs de la loi, dont on chercherait vainement l'ombre d'une mention dans les rapports et la discussion ? Pourtant il eût été indispensable, si telle avait été l'intention du législateur, de le dire formellement, puisqu'on s'écartait ainsi d'une jurisprudence à laquelle la Cour de cassation était restée toujours fidèle sous l'empire de la loi de vendémiaire.

(1) Toulouse, 31 juillet 1844. D. J. G. V° Commune, 2675.

C'eût été d'autant plus nécessaire que cette jurisprudence s'accorde facilement avec l'article 106. En effet les dommages causés par les insurgés et ceux causés par l'autorité n'ont en définitive qu'une seule et même source, les attroupements séditieux que la commune avait pour devoir de prévenir : les seconds sont la conséquence directe des premiers. Nous ajouterons que la séparation qu'on propose de faire entre les uns et les autres sera bien souvent impossible en fait, et que, au surplus, les mesures de défense ont été prises dans l'intérêt de la commune, menacée d'essuyer des dommages beaucoup plus considérables. Sans doute cette législation est rigoureuse, et ne s'accorde guère avec les adoucissements que le législateur de 1884 avait la prétention d'apporter à la responsabilité des communes, mais il ne faut pas oublier que son but était aussi de se rapprocher du droit commun ; or, en droit commun, la responsabilité civile comprend toutes les conséquences du délit : et les dommages qui résultent du fait personnel de l'auteur, et ceux qui sont causés par la force armée déployée pour l'arrêter ou s'emparer de lui (1).

Quoiqu'il en soit, il est regrettable que le législateur n'ait pas pris la peine de s'exprimer nettement sur cette question ; le rapporteur devant la Chambre des députés a fait la déclaration suivante : « Nous avons introduit cette responsabilité civile dans la loi municipale, afin de supprimer cette loi de vendémiaire an IV, édictée pour un état de choses qui n'existe

______

(1) Cf. Cassat, 13 avril 1842. D. J. G. V° Commune, § 2675 et 2665. - 23 février 1875. D. P. 75. 1. 221. — 27 avril 1875. D. P. 76. 5. 112. — Tribunal de Marseille, 21 décembre 1872. D. J. G. S. V° Commune, § 1295.

plus et qui a donné lieu à des difficultés sans nombre, auxquelles nous voulons couper court (1). » Constatons, en passant, que la loi de 1884 en a encore laissé quelques-unes derrière elle.

(1) Chambre des députés. Séance du 26 février 1883. Débats parlementaires, p. 76.

CHAPITRE II

Des cas où la commune cesse d'être responsable

L'art. 108 de la loi municipale met trois fins de non recevoir à la disposition des communes pour échapper à la présomption de faute qui pèse sur elles en cas de crimes et délits commis par des attroupements ou rassemblements. Ces fins de non recevoir peuvent être également invoquées et par les communes qui ont été le théâtre des troubles, et par celles dont les habitants y ont participé.

Voici le texte de l'article 108 :

« Les dispositions des articles 106 et 107 ne sont pas applicables :

1º Lorsque la commune peut prouver que toutes les mesures qui étaient en son pouvoir ont été prises à l'effet de prévenir les attroupements ou rassemblements, et d'en faire connaître les auteurs ;

2º Dans les communes où la municipalité n'a pas la disposition de la police locale ni de la force armée ;

3º Lorsque les dommages causés sont le résultat d'un fait de guerre. »

I. — *La commune peut prouver que toutes les mesures qui étaient en son pouvoir ont été prises pour prévenir les attroupements et en faire connaître les auteurs.* — En d'autres termes, la commune a le droit d'écarter par la preuve contraire la présomption de faute, posée par l'article 106. Elle le pouvait déjà sous la loi de vendémiaire ; mais l'article 108 lui rend sa preuve plus facile. En effet, le concours de deux conditions était requis autrefois pour que la commune échappât à la responsabilité (1) :

1º Que les rassemblements eussent été formés d'individus étrangers à la commune sur le territoire de laquelle les délits avaient été commis ;

2º Que la commune eût pris les mesures en son pouvoir à l'effet de prévenir les délits et d'en faire connaître les auteurs.

Ce concours était absolument irréalisable, car il est impossible de prouver qu'un attroupement ne comprend pas un seul habitant de la commune ; le législateur de 1884, qui jugeait utile de maintenir le principe de la loi de vendémiaire, mais aussi d'en tempérer la rigueur, se contenta d'une seule de ces conditions, la seconde. La commune poursuivie en responsabilité sera donc justifiée si elle arrive à prouver que toutes les mesures en son pouvoir ont été prises à l'effet de prévenir les attroupements et d'en faire connaître les auteurs. Cette formule est encore bien rigoureuse.

La loi ne se contente pas de disculper la commune quand elle s'est mise en mesure de combattre ou de dissiper les attroupements ; elle exige qu'elle ait dirigé ses

____

(1) La doctrine et la jurisprudence des cours d'appel étaient d'accord pour n'exonérer les communes de la responsabilité qui pesait sur elles qu'autant que ces deux conditions étaient réunies. La Cour de cassation consacra pendant assez longtemps le système contraire, malgré les termes parfaitement clairs de l'art. 5. Mais elle l'abandonna dans un arrêt du 10 août 1869 (D. P. 70. 1. 193), et dès lors la question ne fut plus discutée.

efforts à les empêcher, qu'elle les ait prévenus. Les municipalités sont donc obligées de déployer la plus grande activité pour le maintien de l'ordre. C'est en vue de cette mission qu'elles ont reçu le pouvoir de police, elles doivent s'en servir pour étouffer tous les germes de troubles ou de désordres qui menacent la tranquillité de la commune ou de l'Etat. Les tribunaux apprécieront si elles ont rempli leur devoir, et mesureront leur sévérité suivant les circonstances. Mais ce n'est pas par ce qu'il aurait fait afficher des appels platoniques au calme et à la concorde, qu'un maire, soucieux de son devoir, aurait réellement agi pour prévenir les rassemblements : il doit s'assurer le concours de la force armée, y faire appel au besoin, et intervenir personnellement, si c'est nécessaire, pour éviter les collisions sanglantes et les attentats criminels. Il ne serait pas admis à faire valoir, pour justifier son inaction, l'impossibilité évidente de réussir dans ses efforts.

Même après avoir pris toutes les mesures qu'il était humainement possible de prévoir pour éviter ou prévenir les rassemblements tumultueux, la municipalité ne serait pas encore à l'abri de tout reproche. Si ces mesures sont restées impuissantes à contrecarrer l'influence de ceux qui ont soulevé les désordres, elle doit être à même de faire connaître leurs auteurs; et, par auteurs, il faut entendre ceux qui étaient à la tête des attroupements ou ceux qui les ont provoqués. Il y a là une sorte de garantie que la loi a voulu se donner de la vigilance des autorités municipales. Toutefois, comme à l'impossible nul n'est tenu, la commune poursuivie en responsabilité n'en pourrait pas moins invoquer l'article 108 § 1º, s'il est reconnu qu'elle était dans l'impossibilité absolue de connaître ces auteurs (1).

Sous la loi de vendémiaire, et encore sous la loi de 1884, on a soutenu qu'avec l'action de l'autorité municipale, il fallait exiger celle des habitants de la commune : et que s'ils n'étaient pas venus en aide à la municipalité impuissante, s'ils l'avaient laissée lutter seule contre les séditieux, alors même qu'elle eût rempli son devoir, la commune n'en serait pas moins responsable. C'est, dit-on, le vœu de la loi de n'exonérer les communes que si les habitants ont concouru au maintien de l'ordre, et ont apporté leur appui à leurs autorités. Nous ne partageons pas cette manière de voir qui nous paraît bien rigoureuse pour la commune, et plus sévère que la loi. Sans doute celle-ci cherche à intéresser tous les habitants de la commune au maintien de l'ordre, mais nulle part nous ne la voyons exiger leur concours ou leur intervention effective. C'est à l'autorité municipale à user des pouvoirs qui lui ont été délégués : elle seule est chargée du maintien de l'ordre et de la police locale, elle seule a la disposition de la force armée; et si ce sont les habitants qui en définitive supportent les conséquences de la responsabilité, c'est seulement pour avoir confié la gestion de leurs intérêts à une municipalité incapable. Notre opinion sera peut-être un peu dangereuse quand les auteurs des crimes et délits seront des habitants de la commune, mais alors les tribunaux auront une raison légitime pour apprécier avec sévérité les précautions prises par la municipalité (2).

(1) Cf. Metz, 5 juin 1833. D. P. 35. 2, 178.
(2) Cf. Orléans, 30 juin 1849, D. P. 49. 2. 145.

II. — *La commune est de celles où la municipalité
n'a pas la disposition de la police locale ni de la force
armée.* — Si la responsabilité communale est basée sur
ce que les autorités municipales ont manqué à leurs
obligations, il est équitable d'en exempter toutes les
communes où elles n'ont aucun pouvoir relativement
au maintien de l'ordre public. Cette exception ne s'applique actuellement qu'aux villes de Paris et de Lyon,
mais c'est à dessein qu'elle a été formulée dans les
termes les plus généraux : elle s'étendrait à toute commune où le pouvoir central viendrait à se réserver la
direction de la police, ou à le confier à d'autres autorités, aux villes où l'état de siège serait établi, notamment.

Cette disposition qui n'existait pas dans la loi de
vendémiaire a tranché de grosses controverses qu'avait
soulevées la jurisprudence.

1° Paris. — La loi de vendémiaire ne prévoyait
qu'un seul cas, celui de l'article 5 du titre IV, où la
commune poursuivie pouvait échapper à la responsabilité; elle ne faisait aucune distinction entre les
grandes et les petites communes. Néanmoins la jurisprudence se demanda s'il ne fallait pas faire une
exception pour la ville de Paris, à raison de la situation
toute spéciale que lui faisait la présence du gouvernement. La question se posa après l'insurrection de 1832
et souleva un conflit entre la Cour de cassation et les
Cours d'appel. Celles-ci n'hésitèrent point à faire
application de la loi de vendémiaire (1); la Cour de
cassation tourna d'abord la difficulté en déclarant

(1) Paris, 22 novembre 1834. S. 35. 2. 93. — Orléans, 8 février 1839.
S. 39. 2. 185.

qu'il s'agissait dans la cause d'une tentative pour renverser le trône constitutionnel, et que la loi n'avait pas été faite pour ce genre d'insurrection (1), mais la question revint de nouveau devant elle et dut être tranchée toutes chambres réunies. Le procureur général Dupin soutint que la loi de vendémiaire avait été à l'origine applicable à la ville de Paris, mais qu'elle avait cessé de l'être avec l'organisation nouvelle que cette ville avait reçue : le changement des institutions avait opéré une abrogation implicite. C'était inviter la Cour à modifier une loi que le temps avait remplie d'imperfections au lieu de l'appliquer purement et simplement ; la Cour de cassation ratifia cette doctrine (2); mais elle motiva sa sentence sur ce que la responsabilité des communes suppose nécessairement une organisation qui laisse aux communes la libre disposition des moyens de surveillance, d'action et de répression; et que, même en l'an IV, Paris était soumis à un régime spécial qui refusait à ses officiers municipaux le droit de mettre la force armée en mouvement ; d'ailleurs cette ville est le siège du gouvernement, et c'est à lui d'y exercer la surveillance et la police générale, de disposer de cette force armée et de la diriger.

Cette doctrine n'était assurément conforme ni au texte, ni à l'esprit de la loi de vendémiaire an IV, qui avait été faite pour la ville de Paris avant toute autre. Néanmoins la Cour de cassation maintint sa jurisprudence dans un arrêt du 4 juin 1881 (3), rendu

(1) Cassation, 6 avril 1836. S. 36. 1. 257.
(2) Cassation, 15 mai 1841. S. 41. 1. 373.
(3) D. P. 81. 1. 471.

contrairement aux conclusions de M. l'avocat général Desjardins. Cette doctrine se trouve aujourd'hui consacrée en vertu de l'exception générale admise dans le § 2° de l'article 108.

C'est à juste titre que la loi a ratifié ce système; non pas parce que Paris est le siège du gouvernement, car cette circonstance explique uniquement pour quel motif Paris a reçu une organisation spéciale, qui ne laisse pas à la commune la possibilité de prévenir et de réprimer les troubles, mais précisément à cause de ce régime spécial. L'arrêté des consuls du 12 messidor an VIII a concentré entre les mains du préfet de police, représentant direct du gouvernement, tous les pouvoirs, qui, ailleurs, appartiennent au maire, pour le maintien de la sûreté publique, et le droit de requérir la force armée. Dès lors, Paris, et toutes les communes des départements de Seine et de Seine-et-Oise qui relèvent du préfet de police, échappent aux conséquences de la responsabilité civile à raison des crimes et délits commis par des attroupements armés ou non armés.

2° Lyon. — La loi de 1884 a mis fin au régime exceptionnel que la loi du 19 juin 1852 avait organisé pour cette ville. Mais elle a investi le préfet du Rhône des pouvoirs de police qui résultent de l'article 97 §§ 2 et 3 sur Lyon et quelques autres communes de l'agglomération lyonnaise (1) : le préfet seul a donc le pouvoir d'y réprimer les atteintes à la tranquillité publique, les tumultes, les attroupements et tous les actes de nature à compromettre la sûreté générale,

(1) Loi municipale, art. 104 et 105,

de même que d'y surveiller tous les rassemblements d'hommes qui se produisent en quelque circonstance que ce soit. Il en résulte que toutes ces communes seront en droit d'invoquer l'exception créée par l'article 108 § 2º.

Ce privilège constitue une innovation. Tous les motifs qu'avait invoqués la Cour de cassation pour mettre Paris à l'abri de la responsabilité prévue par la loi de vendémiaire s'adaptaient parfaitement à la ville de Lyon ; l'impuissance de la commune y était la même, et du moment où on mettait Paris hors du droit commun, il était logique d'en faire autant pour Lyon ; ce n'est pourtant pas ce qu'a admis la Cour suprême (1). Pour justifier ces solutions contradictoires, elle a bien allégué « que, si une exception a pu être admise pour la ville de Paris, cette exception s'explique et se justifie par cette circonstance que Paris est le siège du gouvernement devant l'autorité duquel s'efface et disparaît l'autorité du représentant de la commune » ; mais cette raison n'en est pas une, car si Lyon n'est pas le siège du gouvernement, l'autorité des représentants de la commune ne s'en effaçait pas moins devant celle du préfet du Rhône, qui est, comme le préfet de police à Paris, l'agent direct du gouvernement. L'article 108 a fait cesser une contradiction choquante, en mettant cette jurisprudence à néant.

3º Communes en état de siège (2). — Les effets de l'état de siège sont de faire passer entre les mains

---

(1) Cassat., 10 août 1879. D. P. 70. 1. 197. — 23 février 1875. D. P. 75. 1. 201.

(2) Cf. lois du 9 août 1849 et du 3 avril 1878. — Circulaire du ministre de l'intérieur du 15 mai 1884, *Journal officiel* du 20 mai.

de l'autorité militaire tous les pouvoirs ordinairement dévolus à l'autorité civile pour le maintien de l'ordre et de la police, à moins que celle-ci n'ait reçu de la première une délégation spéciale. En même temps, les pouvoirs de l'autorité militaire sont considérablement augmentés.

L'état de siège peut avoir lieu dans deux circonstances :

1º En cas de guerre étrangère, l'autorité militaire a le droit de le proclamer et c'est alors l'état de siège effectif. En pareil cas, il n'est plus question de responsabilité des communes, mais il en était déjà ainsi sous la loi de vendémiaire, car le plus souvent, les dommages occasionnés à ce moment doivent être considérés comme des faits de guerre, l'état de siège effectif supposant toujours la présence de l'ennemi ;

2º En cas d'insurrection à main armée, l'état de siège devient une mesure politique et, en principe, il ne peut plus résulter, que d'une loi, qui fixe sa durée et désigne les communes, les arrondissements ou les départements auxquels il s'applique ; exceptionnellement, quand les Chambres sont dissoutes ou prorogées, le Président de la République a le droit de proclamer l'état de siège par décret. Cette mesure rend inapplicables les articles 106 et 107 ; si la loi municipale ne le dit pas formellement, il est évident que cette exception est comprise dans l'article 108 § 3.

Sous la loi de vendémiaire, la responsabilité aurait dû venir frapper les communes en état de siège fictif ou politique comme si elles avaient conservé la plénitude de leurs fonctions. Néanmoins la Cour de Besançon jugea que la déclaration de l'état de siège ne suffisait pas pour faire disparaître la responsabilité des communes, lorsque l'autorité militaire avait laissé à la municipalité ceux de ses pouvoirs qui résultent aujourd'hui de l'article 97 §§ 2º et 3º ; mais qu'il en serait autrement si elle concentrait dans ses mains toutes les attributions dont l'autorité municipale est revêtue pour le maintien de l'ordre et de la police (1). Des arrêts de la Cour de cassation se sont inspirés de cette même idée (2).

Cette jurisprudence n'a rien perdu de son intérêt, car la doctrine qu'elle consacre s'accorde parfaitement avec le régime établi par la loi de 1884, et il serait juste d'admettre la même distinction, si la question se posait de nouveau.

Dans tous les cas où la commune n'a pas la disposition de la force armée, elle échappe donc à l'application des articles 106 et 107. Cela est parfaitement légitime : puisqu'on fait résulter sa responsabilité de ce que ses autorités qui disposent de la force publique n'ont pas usé de leurs pouvoirs avec assez d'énergie ou de prévoyance, il n'est que juste de l'en exempter, lorsque ces pouvoirs ont été retirés à la municipalité ; la commune ne peut pas être rendue responsable d'une faute qui n'est pas imputable à ses agents.

Aussi serait-il logique, lorsque les attributions de police passent aux agents du gouvernement, de déclarer l'Etat responsable de leurs fautes. C'est ce qu'a pensé un sénateur, M. de Lareinty, qui proposa d'ajouter ces mots au 2º de l'article 108 : « auquel cas

(1) Besançon, 24 août 1874. D. P. 75. 5. 87.
(2) Cassat., 23 février 1875. D. P. 75. 1. 221.— 27 juillet 1875. J. G. Sup. Vº Commune, § 1303.

l'Etat serait responsable. » L'amendement fut repoussé parce qu'il était étranger à l'administration de la commune et que sa place n'était pas dans une loi municipale. La véritable raison c'est qu'on trouve « inadmissible, invraisemblable que l'on déclare l'Etat responsable envers tout le monde, alors qu'il est lui-même le représentant de l'intérêt général » (1).

Il n'entre pas dans le cadre de notre thèse de discuter cette théorie contredite par bien des lois spéciales, mais nous pouvons faire ressortir la conséquence, déjà mise en relief, de la législation actuelle, c'est qu'il y a des communes où la propriété et la vie humaine sont moins bien garanties que dans d'autres, et il est assez étrange que ce soient ces communes où le besoin de cette garantie se fasse le plus vivement sentir.

III. — *Les dommages sont le résulat d'un fait de guerre.* — L'article 108 3⁰ est la consécration de la règle contenue dans l'article 39 du décret du 10 août 1853, en vertu duquel les dommages résultant d'un fait de guerre n'ouvrent droit à aucune indemnité. Longtemps auparavant un arrêt du Conseil d'Etat du 11 février 1828, avait déjà formulé la même règle en décidant que le fait de guerre ne peut donner lieu à réclamation, soit contre l'Etat, soit contre la commune, et que celle-ci n'a pas à répondre des désordres causés par une armée d'invasion.

Outre qu'une armée ne se compare pas à des attroupements ou rassemblements, la guerre est une catas-

(1) Discours de M. Waldeck-Rousseau, ministre de l'intérieur Séance du Sénat, 13 février 1884. — Débats parlementaires, p. 365.

trophe qui passe bien au-dessus des communes puisqu'elle met en jeu l'existence d'un Etat, d'une société ;
ce n'est donc pas à elles de répondre des dommages
que cet événement cause aux personnes et aux propriétés. L'Etat lui-même ne doit aucune réparation,
et s'il attribue des secours ou des indemnités, cela
ne constitue pas un droit pour celui qui en bénéficie.

Tout le monde est d'accord pour ne faire aucune
distinction entre la guerre étrangère et la guerre civile,
pourvu qu'il s'agisse d'une véritable guerre civile,
c'est-à-dire d'une lutte entre plusieurs provinces, ou
bien entre le pouvoir légitime et un gouvernement de fait
reconnu par une partie de la nation, et soutenue par
une armée organisée. De pareilles crises atteignent le
pays tout entier et paralysent l'autorité ; dans une
guerre civile, la résistance de la commune est toujours
impossible ou inutile. Cela n'est pas comparable avec
une simple insurrection, qui a un caractère plus local :
si elle prend naissance dans une commune, il est
permis d'en faire retomber la faute sur l'autorité
municipale qui a manqué de vigilance, et n'a pas su se
garantir contre les troubles qui fermentaient, ou extir-
per les germes de désordre. Il y a là une distinction
qui sera quelquefois délicate à faire : un jugement du
tribunal de la Seine (23 avril 1875) a bien jugé que les
prévisions de la loi du 10 vendémiaire an IV ne s'éten-
daient pas à des évènements semblables à ceux de la
commune de Paris en 1871 (1) ; mais on ne peut
approuver, bien qu'ils aient été confirmés par la Cour
de cassation, deux arrêts par lesquels la Cour d'Aix

______

(1) Cf. Ducrocq, Cours de droit administratif, t. II, § 1483.

refusa d'appliquer cette loi à une émeute dont la défaite de Waterloo fut l'occasion à Marseille (1).

L'article 108 que nous venons de commenter est limitatif : aucune autre exception ne doit être apportée au principe de la responsabilité des communes. De celles qu'il a consacrées, la jurisprudence avait déjà réussi à en faire triompher plusieurs sous la loi de vendémiaire ; malgré les termes de celle-ci, d'autres encore furent admises par des décisions judiciaires. Mais dans le silence de la loi de 1884 qui ne les a pas reproduites, il y aurait aujourd'hui une raison sûre pour les repousser. En effet, les articles 106 à 109 de la loi municipale, dérogeant au droit commun, forment un système complet qui en aucun cas ne peut être élargi. Ces exceptions furent d'ailleurs vivement combattues.

Nous avons déjà signalé un arrêt de la Cour de Bordeaux du 19 mars 1834 (2) : victime de voies de fait commises par un attroupement, le préfet de la Gironde avait exercé contre la ville de Bordeaux une action en dommages-intérêts, fondée sur la loi de vendémiaire. Parmi les motifs qu'elle fit valoir pour le débouter, la Cour s'appuya sur l'attitude qu'avait eue le préfet dans l'exécution des ordonnances de juillet : s'il avait essuyé des dommages, il n'était pas admis à en demander la réparation, puisqu'il avait contribué à amener les troubles qui les avait occasionnés. C'était admettre comme acte de provocation, ce qui aux yeux du préfet de Bordeaux n'avait été que

(1) Aix, 20 juin et 21 décembre 1821. Cassation, 27 juin 1822.
(2) D. J. G. V° Commune, § 2697.

l'exécution de son devoir. Cette décision bizarre fut confirmée par la Cour de cassation (1).

Il n'y a aucune bonne raison pour considérer la provocation comme une sorte d'abri pour les communes contre la responsabilité qui les menace : cette circonstance que l'émeute aurait été provoquée par les actes de celui-là même qui en a souffert ne saurait relever les autorités municipales du devoir de maintenir l'ordre, et de protéger les personnes et les propriétés contre les dangers des attroupements. D'autre part, ce serait une prétention assez extravagante que de vouloir étendre aux communes le bénéfice des articles 321 à 326 du Code pénal. La Cour de Bordeaux elle-même l'a reconnu, puisque dans un arrêt du 22 août 1839, elle a jugé que la provocation de la personne qui a souffert le dommage ne déchargeait pas la commune de la responsabilité, et que l'irritation occasionnée par un journal ne justifiait point les violences exercées dans ses bureaux par des rassemblements (2).

La commune poursuivie ne serait pas davantage recevable à se retrancher derrière la désorganisation absolue, dans laquelle les troubles l'ont surprise, pour s'affranchir de la responsabilité. Peu importe la cause de cette désorganisation : qu'elle soit la suite d'un soulèvement local qui ait jeté la commune dans l'anarchie, ou qu'elle soit le résultat d'une crise politique, d'une révolution, qui ait enlevé toute autorité à ses magistrats, elle n'en aurait pas moins dans tous les cas à répondre des conséquences des désordres qui éclate-

---

(1) Cassation, 11 mai 1836. D. J. G. ibid.
(2) Bordeaux, 22 août 1839. D. J. G. Vo Commune, 2678.

raient sur son territoire, ou auxquels participeraient ses habitants (1). De telles circonstances, loin de relever la commune de toute présomption de faute, ne font que la rendre plus légitime et plus salutaire, car elles ne sauraient accorder une pleine licence à ceux qui font profession de jeter le désordre et de soulever des émeutes, ni la faculté de laisser faire à ceux qui sont à la tête de la commune (2); en droit, jamais l'autorité n'est ou ne doit être désorganisée, jamais il ne peut y avoir vacance du pouvoir ; et la justice, qui a la mission d'établir les responsabilités, pourra toujours y arriver.

Une question plus délicate est celle de savoir s'il n'y aurait pas lieu d'exempter la commune de la responsabilité prévue par l'article 106, lorsque, au moment où les désordres se sont produits, le préfet s'était substitué au maire pour la direction de la police conformément à l'article 99, ou lorsque cette commune était administrée par une délégation spéciale, nommée par le Président de la République (art. 44).

Il semble juste au premier abord d'assimiler cette commune aux villes de Paris et de Lyon, et de leur permettre d'invoquer l'article 108 § 2°, car le préfet ou ses délégués sont ici les représentants du gouvernement (3). Cette raison ne nous semble pas suffisante ; et de même que nous avons soutenu que ces deux circonstances ne sauveraient pas les communes de la

---

(1) Cf. en sens contraire : Aix, 21 juin 1821. et Cassation, 27 juin et 5 décembre 1822, D. J. G. V° Commune, §§ 2591 et 2693. — Bordeaux, 19 mars 1834. D. P. 34. 2. 167.

(2) Cassation Belge, 20 septembre 1831. D. J. G. Ibid. § 2694.

(3) Cf. De Redon de Colombier, Responsabilité des communes, p. 229.

responsabilité de droit commun, nous ne croyons pas qu'elles puissent à elles seules leur éviter l'application des articles 106 et 107. Dans le premier cas, en effet, si le préfet est intervenu, c'est par suite du refus que le maire a opposé, après une mise en demeure, et si ce refus a été coupable, il est inadmissible que la responsabilité de la commune s'en trouve diminuée (1). Quant à l'autre hypothèse, nous estimons que la délégation ne représente pas le pouvoir central au même titre que le préfet de police ou le préfet du Rhône, car elle est simplement envoyée dans la commune afin de pourvoir à son administration, le président y remplissant les fonctions de maire. En définitive, elle joue le rôle de municipalité; et on ne peut pas dire qu'en pareil cas la commune soit de celles où la municipalité n'a pas la disposition de la police locale ni de la force armée. Ajoutons que quand la commune est administrée par une commission municipale, il est rare qu'il n'y ait pas eu une faute, soit de la part de la municipalité élue, soit de la part des électeurs, puisque cette délégation ne peut être nommée qu'en cas de dissolution du conseil municipal ou de démission de tous ses membres et lorsque aucun conseil ne peut être constitué.

---

(1) Cf. Morgand, Loi municipale, t. II, p. 165.

CHAPITRE III

De l'action en responsabilité

Par qui l'action en responsabilité peut-elle être exercée ?

L'action en responsabilité appartient à toute personne lésée par les attroupements séditieux, sans qu'il y ait à rechercher si elle avait son domicile ou seulement sa résidence dans la commune, ou bien si elle n'y était que de passage.

Sous la loi de vendémiaire, lorsque le dommage résultait de délits commis contre la propriété, tout intéressé pouvait exercer l'action contre la commune; mais s'il s'agissait d'un homicide, l'article 6 du titre IV n'accordait de dommages-intérêts qu'à sa veuve et à ses enfants; les autres parents, les ascendants, par exemple, n'avaient pour toute ressource que le recours de droit commun de l'article 1382 contre les auteurs des faits dommageables. Une controverse s'engagea sur la portée qu'il fallait attacher à cette injustifiable restriction; mais la loi de 1884 lui a enlevé tout intérêt : en se bornant à déclarer la commune responsable, elle entend s'en référer aux règles du droit commun sur la question de savoir qui aurait qualité en cas de mort pour intenter l'action en responsabilité.

Il suffit donc aujourd'hui, pour exercer l'action de l'article 106 de la loi municipale, de même que pour exercer toute action en dommages intérêts, d'avoir un droit actuel et certain, un intérêt direct, cet intérêt fût-il moral, car une personne lésée dans ses affections a le droit d'exiger une compensation à sa souffrance ; et, si on la lui donne en argent, c'est faute de pouvoir mieux faire. Les tribunaux apprécieront le mobile qui guide le demandeur et détermineront souverainement l'étendue du préjudice.

L'action en responsabilité contre les communes se transmet aux héritiers, et sera exercée par eux conformément aux règles du droit commun.

Il est incontestable que l'étranger, qui a demandé et obtenu l'autorisation d'établir son domicile en France, a le droit d'user de cette voie de recours, puisque l'article 13 du Code civil lui donne la jouissance de tous les droits civils. Quant à l'étranger qui n'a pas obtenu cette autorisation, la Cour de Metz (1) a jugé qu'il ne pouvait intenter l'action que si la responsabilité communale existait dans son pays, et si les Français avaient la faculté de l'invoquer en vertu des traités diplomatiques. Elle s'appuyait sur ce que la loi de vendémiaire était exceptionnelle et en conflit avec le droit naturel pour considérer l'action organisée par elle comme un droit civil dans le sens de l'article 11. Mais la Cour de cassation (2) a répliqué que cette loi était avant tout une loi de police et de sûreté, qu'à ce

(1) Metz, 1er août 1832,
(2) Cassation, 17 novembre 1834. Dalloz. J. G. Vᵒ Commune § 2705.

titre les étrangers, aussi bien que les habitants, pouvaient en encourir les conséquences, qu'il était donc juste d'assurer aux étrangers la protection qu'elle tend à procurer. L'argument tiré de l'article 11 doit être écarté : la responsabilité civile est de droit naturel, et on ne peut priver les étrangers des avantages auxquels elle donne droit, parce qu'il a plu au législateur de l'organiser d'une façon ou d'une autre, et de la faire peser sur les communes plutôt que sur les auteurs des délits commis par des attroupements, auteurs ordinairement insolvables. On peut encore ajouter que la responsabilité communale n'est au fond qu'une garantie de plus dont la loi entoure les personnes et les propriétés ; or, du moment qu'on admet les étrangers à circuler en France et à y acquérir des biens, il faut les admettre à jouir des garanties que la loi accorde aux Français.

SECTION II

Contre qui l'action en responsabilité peut-elle être exercée ?

Lorsque les attroupements ne sont composés que d'habitants de la commune sur le territoire de laquelle des crimes et des délits ont été commis et des désordres ont eu lieu, l'action est exercée contre la commune et contre elle seule. Cette hypothèse est la plus simple et ne soulève aucune difficulté. Mais si les rassemblements étaient composés d'habitants de plusieurs communes, chacune d'elle est responsable dans une proportion qui sera fixée par les tribunaux. Est-ce à dire que la personne lésée pourra exercer indifféremment son action contre l'une ou l'autre de ces communes? Nous ne le croyons pas : en posant le principe de la responsabilité de la commune sur le territoire de laquelle les troubles ont eu lieu, l'article 106 impose en quelque sorte une contrainte, c'est que l'action soit exercée contre elle, seule responsable pour le tout, vis-à-vis des parties lésées, sauf son recours contre les autres. L'article 107 qui pose le principe de ce recours ne fait que régler la position des diverses communes entre elles, il n'a pas pour but de créer une action directe contre toutes (1).

Le demandeur pourrait cependant les mettre toutes en cause. Il aura donc le choix entre deux partis : ou bien agir simultanément contre toutes les communes responsables, ou bien poursuivre pour le tout la commune sur le territoire de laquelle s'est produit le dommage. Mais si on ne peut pas le contraindre à diviser son action, rien n'empêche alors cette commune de mettre toutes les autres en cause pour faire constater leur responsabilité et les faire condamner avec elle par un seul et même jugement.

On discute la question de savoir si ce jugement, quand plusieurs communes sont en cause, peut prononcer la solidarité. Sous la loi de vendémiaire, on s'appuyait sur les termes de l'article 3 du titre IV pour le contester : « Toutes seront responsables des délits.... et contribuables tant à la réparation et dommages-

<hr>

(1) Cf. Béquet, Répertoire de Droit administratif. Vº Commune, § 2125. — Morgand, La loi municipale, t. II, p. 162. — Cassation, 27 juillet 1838. D. P. 38. 1. 321.

intérêts qu'au paîment de l'amende. » D'où il semblait naturel de conclure qu'elles ne sont tenues que contributoirement (1). Cet argument n'avait pas déjà alors grande valeur, parce qu'on pouvait considérer le mot *contribuables* comme synonyme de responsables ; aujourd'hui il n'en aurait plus aucune. D'autre part, il est permis de supposer qu'en édictant la responsabilité civile contre les communes, la loi a voulu suivre le droit commun, et les soumettre à toutes les conséquences ordinaires de la responsabilité civile, à la solidarité notamment ; et, dès lors, il eût fallu, pour les en exempter, une disposition formelle : en effet l'article 55 du Code pénal qui édicte la solidarité, s'appliquerait dans le cas où plusieurs personnes seraient civilement responsables du même fait. On objectera peut-être que le Code pénal n'est pas fait pour les communes, mais cela ne serait pas vrai de cet article, car la commune est considérée ici comme personne civile ; à ce titre elle peut être déclarée responsable de crimes ou de délits, et si plusieurs communes le sont des mêmes crimes ou des mêmes délits, ce sera le cas de leur appliquer la solidarité prescrite par l'article 55.

Conformément au droit commun, le jugement qui condamne les communes, devra prononcer formellement la solidarité, s'il est rendu par un tribunal civil ; elle serait, au contraire, encourue de plein droit, et sans que ce jugement ait besoin d'en faire mention s'il était rendu par une juridiction pénale.

Cette solidarité n'a que des effets restreints : elle

____

(1) Toulouse, 1er août 1835. S. 36. 2. 27.

permet bien à la personne qui a obtenu la condamnation aux dommages-intérêts d'en réclamer la totalité à
l'une ou à l'autre des communes condamnées (1); mais
les actes interruptifs de la prescription et la demande
en justice dirigée contre l'une n'aurait pas pour conséquence d'interrompre la prescription, ni de faire courir les intérêts moratoires à l'égard de toutes.

Doit-on permettre à la commune poursuivie de trans-
siger avec la partie lésée ? Il n'y a aucune raison pour
le lui refuser ; et, en fait, des transactions de cette
nature ont été déjà autorisées à diverses reprises.
La transaction devrait être passée par le maire, qui
représente la commune dans l'instance, et approuvée
par le préfet. Il n'est pas inutile d'ajouter que cette
transaction ne doit pas faire obstacle à la répartition,
prescrite par la loi, entre les habitants de la commune, même si les dommages-intérêts ont été payés
sur les fonds libres de la caisse municipale.

<hr>

SECTION III

Compétence. Procédure. Voies d'exécution.

Prescription

I. — *Compétence*. — L'action en responsabilité
dirigée contre les communes à raison des dégâts et

---

(1) La commune qui aura payé la totalité de la condamnation aura
un recours contre les autres également déclarées responsables. Mais
elle ne pourra réclamer à celles-ci que leur part contributoire fixée par
les tribunaux, car entre elles, conformément à l'article 1213 du C. c.,
les communes ne sont tenues que pour leur part et portion

dommages commis par des attroupements est de la compétence judiciaire. L'article 107 le déclare implicitement, et si la loi de 1884, n'a pas cru devoir reproduire la disposition de la loi de vendémiaire qui consacrait formellement cette compétence, c'est que la chose lui paraissait évidente.

Pourtant M. Laferrière estime qu'il est « permis de douter que les lois de vendémiaire an IV et de 1884 se soient inspirées des véritables principes de compétence. » D'après lui, cette responsabilité ne dérive pas du droit commun ; elle a été créée dans un intérêt supérieur de sécurité publique, elle est étroitement liée à l'appréciation d'actes d'administration, de fautes administratives commises par l'autorité municipale ; et il conclut qu'elle n'est pas de celles qui relèvent de plein droit de l'autorité judiciaire (1).

Mais y a-t-il des responsabilités qui ne relèvent pas de plein droit de l'autorité judiciaire ? La responsabilité des communes n'est qu'une extension un peu éloignée du principe consacré par l'article 1382 du Code civil ; or dira-t-on que ce n'est pas à l'autorité judiciaire qu'appartient la connaissance de toutes les actions fondées sur cet article 1382 ? Sans doute des lois ont pu déroger à cette règle, et attribuer aux tribunaux administratifs la connaissance de demandes d'indemnités pour dommages qui relèvent en réalité du contentieux judiciaire ; et, c'est le cas des §§ 3 et 4 de l'article 4 de la loi du 28 pluviôse an VIII ; mais il n'en faut pas conclure pour cela qu'il y ait deux

____

(1) Laferrière, Traité de la juridiction administrative et des recours contentieux, T. I⁰ʳ, p. 633.

espèces de responsabilité, l'une civile, l'autre administrative.

Au contraire, en qualifiant de responsabilité civile
l'obligation qu'elle impose aux communes de réparer
les dommages résultant de crimes ou de délits commis
par des attroupements, la loi de 1884 n'a fait, quoiqu'en dise M. Laferrière que se plier à la nature des
choses : car cette obligation est absolument identique
à celle qui est créée par les articles 73 et 74 du Code
pénal. D'autre part, il n'est pas juste de dire que cette
responsabilité soit liée à l'appréciation d'actes d'administration : le tribunal, en effet, n'a qu'à constater
les faits et en tirer les conséquences que la loi elle-
même a spécifiées, et il ne lui appartient pas de rechercher l'origine ou la cause des troubles (1).

Le tribunal civil sera donc seul compétent, et, juge
de l'action, il sera également juge de l'exception. Par
conséquent, il sera compétent pour rechercher si les
dommages ne sont pas le résultat de faits de guerre ;
pour dire si la commune avait ou non la disposition
de la force armée ; et même pour apprécier si toutes
les mesures qui étaient au pouvoir de la commune ont
été prise à l'effet de prévenir les attroupements. On
invoquerait vainement pour contester ce dernier point,
la séparation des autorités administrative et judiciaire,
car l'examen de cette exception peut se faire sans
juger ni critiquer les actes administratifs accomplis
par le maire. C'est en ce sens que la question a été

____

(1) Ducrocq. Article bibliographique sur l'ouvrage précité : Revue
générale du Droit, 1887, p. 464. — Amiens, 29 juin 1874. D. J. G. S.
Vᵒ Commune, § 1296. Tribunal des conflits, 19 février 1881. D. P. 82. 3.
69. 25 février 1888. D. P. 89. 3. 52, et Rev. gén. d'administ. 1888. I. 447

résolue au Sénat où, répondant à M. le général Robert, M. le Président de cette assemblée a dit : « La commune est sous une présomption de faute, c'est à elle à faire la preuve qu'elle n'en a pas commis. Qui peut être juge de cela? Évidemment les tribunaux ordinaires. Si donc vous êtes victime d'une émeute, vous pourrez dire à la commune : « Vous êtes responsable. » Ce sera à elle à démontrer que l'émeute a éclaté bien qu'elle ait pris toutes les mesures qui étaient en son pouvoir pour la réprimer » (1).

II. — *Procédure.* — La loi de vendémiaire ne s'était pas contentée de donner à la responsabilité des communes un caractère criminel en les frappant d'une amende ; elle avait chargé le ministère public de la poursuite des réparations et des dommages-intérêts, et, afin de ménager aux intéressés une poursuite aussi prompte que possible, elle avait organisé une procédure rapide et sommaire : les agents municipaux devaient dresser dans les vingt-quatre heures des procès-verbaux constatant les faits, et sur le vu desquels la poursuite était intentée; le jugement devait être rendu dans la décade sur la production de ces mêmes procès-verbaux et des autres pièces du procès. La partie lésée, tant que la condamnation n'avait pas été prononcée, avait la faculté d'intervenir dans l'instance ; elle avait également le droit, bien que la loi gardât le silence sur ce point, d'intenter l'action, car le lui dénier eût été retirer toute son efficacité au décret de vendémiaire : mais son action suivait alors

(1) Séance du Sénat du 11 mars 1884. Féb. parlement., p. 529.

les règles ordinaires, la procédure spéciale ne s'appliquant qu'aux poursuites dirigées par le ministère public. Celui-ci n'était pas astreint à demander l'autorisation de plaider pour la commune; et la Cour de cassation jugea que cette formalité était incompatible avec les dispositions de la loi de vendémiaire, même quand l'action était exercée par la partie lésée. A cette demande d'autorisation de plaider, la loi de 1837 substitua pour le demandeur le dépôt préalable d'un mémoire ; mais comme elle n'abrogeait pas la loi de vendémiaire, la même difficulté se représenta quant à la nécessité de cette formalité nouvelle.

Sous la loi de 1884, il n'y a plus de doute possible : la loi de vendémiaire a disparu, entrainant avec elle la procédure spéciale et les poursuites exercées par le ministère public ; en dehors du principe de la responsabilité, il n'y a plus rien d'exceptionnel et pour la procédure à suivre il faut aujourd'hui s'en référer au droit commun. Le ministère public reprend à l'égard des communes son rôle ordinaire déterminé par l'article 83 § 1º du Code de procédure civile. Quant à l'action de la partie lésée elle est soumise aux règles générales des articles 124 et suivants de la loi municipale. Le demandeur avant d'intenter son action doit, à peine de nullité, adresser au préfet ou au sous-préfet un mémoire exposant l'objet et les motifs de sa réclamation, et dont il lui est donné récépissé. Ce mémoire tient lieu de tentative de conciliation, et tend à éclairer l'administration, tutrice des intérêts municipaux, pour lui permettre suivant les cas, ou d'user de son influence sur la municipalité pour l'engager à transiger, ou de lui accorder l'autorisation dont elle a besoin pour exercer toute action ou y défendre. Cette autorisation est accordée par le conseil de préfecture sur la demande du conseil municipal ; si dans les deux mois qui suivent la délibération de ce dernier, il n'est pas intervenu de décision, la commune est autorisée à plaider. Mais le refus d'autorisation n'apporterait aucun obstacle au droit de l'intéressé : celui-ci, après un délai de deux mois qui court de la date de son récépissé, peut intenter sa demande qui serait, dans ce cas, instruite et jugée par défaut.

Tous les moyens de preuve sont admissibles pour justifier cette demande. Enfin la commune et la partie lésée ont le droit de se pourvoir par voie d'appel, d'opposition, de requête civile ou de recours en cassation dans les délais et suivant les règles ordinaires.

III. — *Voies d'exécution.* — Le jugement est rendu et la condamnation prononcée contre la commune ; néanmoins la loi de vendémiaire imposait aux vingt plus forts contribuables résidant dans cette commune, l'obligation d'avancer la somme dans un délai de huit jours, faute de quoi on usait d'un système d'exécution forcée spécialement organisé par la loi. Mais ces dispositions sont depuis longtemps considérées comme implicitement abrogées par les lois postérieures qui ont réglé l'exécution des condamnations pécuniaires prononcées contre les communes, et le législateur de 1884 n'a pas songé à les tirer de l'oubli.

La condamnation sera donc exécutée par la commune en se conformant aux règles prescrites pour sa comptabilité : sur la réclamation du créancier, le maire doit inscrire la dépense au budget, et le conseil municipal voter le crédit nécessaire; si le maire refusait d'ordonnancer la dépense, il serait statué par le préfet en conseil de préfecture, et son arrêté tiendrait lieu du mandat du maire conformément à l'article 152. Comme il s'agit d'une dette exigible et liquidée, la dépense est obligatoire (art. 136 § 17º), et si le maire et le conseil municipal refusaient de la porter au budget, elle pourrait y être inscrite d'office par le décret du Président de la République ou l'arrêté du préfet qui règle ce budget (1). A défaut de fonds libres dans la caisse municipale, et sur la demande du créancier, la vente de biens mobiliers ou immobiliers de la commune, autres que ceux servant à un usage public, sera autorisée par un décret du chef de l'Etat qui déterminera les formes de la vente (art. 110). La commune pourrait aussi avoir recours à un emprunt. L'exécution de la condamnation n'est d'ailleurs qu'une avance qu'elle fait puisque, conformément à l'article 106 § 2, le montant doit en être réparti entre tous les habitants domiciliés dans la commune.

IV. — *Prescription.* — L'action en responsabilité des communes se prescrit par trois ou dix ans suivant que les faits qui l'occasionnent sont des délits ou des crimes. L'application de la prescription du droit pénal, déjà admise comme certaine par la jurisprudence (2) sous l'empire de la loi de l'an IV, est incontestable aujourd'hui (3). Avant la loi de 1884, on a tenté d'ob-

---

(1) Cf. art. 149 de la loi municipale.

(2) Cf. Cassation, 28 février et 6 mars 1855. D. P. 55. 1. 84 et 343.

(3) Contra, cependant, Lescuyer, qui admet la prescription de trente ans dans un article sur la responsabilité des communes. Rev. génér. d'administ. 1886, III, p. 168.

jecter que la loi de vendémiaire, se plaçant complètement en dehors de l'action publique dirigée contre les auteurs des crimes et délits, organisait contre les communes une action publique et une action civile : or l'une et l'autre devaient se prescrire par trente ans, parce qu'elles étaient jugées par le tribunal civil. Cette objection n'avait rencontré aucun écho. En réalité, l'action dirigée contre les communes tend à la réparation civile d'un dommage résultant de crimes ou de délits et non de simples délits civils. Elle n'est donc pas soumise à l'article 2262 du Code civil, mais bien à l'article 2 § 3 du Code d'instruction criminelle ; c'est-à-dire qu'on doit lui appliquer la prescription réglée par les articles 637 et 638 de ce Code. Ajoutons que la condamnation prononcée contre les communes ouvre à leur profit un recours contre les auteurs des crimes et des délits ; or il serait assez injuste d'exposer la commune à une condamnation alors que la prescription aurait mis les auteurs des dommages à l'abri de toute poursuite civile ou criminelle (1).

Cela ne veut pas dire que l'action en responsabilité contre la commune et l'action publique dirigée contre les auteurs des crimes et délits soient indissolublement liées l'une à l'autre : il n'y a, au contraire, qu'un rapport éloigné entre ces deux poursuites. Ce qui le prouve, c'est que si le ministère public se trouvait dans l'impossibilité d'établir une inculpation, cela n'empêcherait

---

(1) Nous n'avons pas besoin de dire que les juges ne peuvent admettre l'exception tirée de la prescription qu'autant que le défendeur l'a invoquée ; c'est ainsi que le tribunal civil de Lyon a pu faire encore récemment l'application de la loi de vendémiaire pour des faits passés au mois d'avril 1871 (23 mars 1891. Gazette des tribunaux, 1er juin 1891).

pas la commune d'être déclarée responsable. Du reste, on ne peut pas dire que les deux juridictions saisies aient identiquement les mêmes faits à examiner : tandis que les tribunaux répressifs n'auront à statuer que sur certains actes commis par chacun des individus poursuivis, par certains auteurs déterminés des crimes ou des délits, le tribunal civil a pour mission d'apprécier l'ensemble des faits ou des désordres, et les circonstances qui les ont entourés pour en déclarer les communes responsables, si les conditions prescrites par la loi se trouvent remplies. Aussi la commune condamnée ne pourrait-elle se plaindre de la contrariété des jugements, ni de ce que les faits dont elle doit réparer les conséquences aient été qualifiés crimes par le tribunal civil, alors qu'ils n'auraient donné lieu qu'à des poursuites correctionnelles, car il est possible que le ministère public n'ait pu convaincre les auteurs que de faits qualifiés délits. Mais si l'on ne doit pas s'alarmer de ces décisions contradictoires, il est permis d'en conclure qu'on peut faire abstraction de la règle : « Le criminel tient le civil en état, » puisque son seul but est de les éviter.

Aux termes de l'article 124 de la loi municipale, la prescription serait interrompue par le dépôt du mémoire exigé de tout plaideur qui intente un procès contre une commune, à condition qu'il soit suivi dans le délai de trois mois d'une demande en justice. Les poursuites dirigées par le ministère public contre les auteurs des crimes ou des délits auront aussi pour effet d'interrompre la prescription de l'action en responsabilité.

SECTION IV

Nature et étendue des dommages-intérêts

I. — *Cas où les dommages ont été causés par les habitants d'une seule commune.* — La responsabilité, telle qu'elle est organisée par la loi de 1884, est purement civile, mais il n'en était pas ainsi sous la loi de vendémiaire, qui exposait les communes à une triple réparation :

1° A une amende, égale au montant de la réparation principale, lorsque les habitants de la commune responsable avaient pris part aux délits commis sur son territoire ; cette amende qui était absolument inefficace fut rarement prononcée ;

2° S'il s'agissait d'objets mobiliers ou fongibles, à la restitution en nature, quand elle était possible, et, dans le cas contraire, au paîment du double de la valeur ; la jurisprudence condamnait également au paîment du double de la valeur des détériorations quand il s'agissait de dégâts à des immeubles ;

3° Lorsque la partie lésée le requérait, à des dommages-intérêts qui ne pouvaient être moindres que le montant au simple de la réparation principale, mais que le juge pouvait n'accorder qu'autant que le préjudice lui paraissait en motiver l'application (1).

Cette mesure légale de la condamnation ne s'appliquait cependant que s'il s'agissait de délits commis contre les propriétés ; s'il s'agissait de crimes ou de

(1) Cassation, 24 mai 1837. D. J. G. § 2739. — Cf. aussi Riom 14 juin 1843. Ibid. § 2716.

délits atteignant les personnes, la fixation de l'indemnité, d'après l'article 6 du titre IV, était abandonnée à l'appréciation des tribunaux.

La loi de 1884 n'a pas conservé ce systéme absurde, trop souvent avantageux pour la victime des actes de violence, et dans lequel la loi dictait au juge, sans appréciation possible de sa part, le montant des condamnations sur l'affirmation d'un rapport d'experts. Aujourd'hui la responsabilité de la commune se résoût en dommages-intérêts dont les juges fixent le montant avec un pouvoir discrétionnaire. C'est à ceux-ci d'apprécier le *damnum emergens* et le *lucrum cessans,* en tenant compte des circonstances qui ont précédé ou accompagné les attentats, pour se montrer plus ou moins sévères. Le jugement qui condamne la commune à payer une somme d'argent peut aussi la condamner à payer les intérêts de cette somme à compter du jour du pillage.

II. — *Cas où les dommages ont été causés par les habitants de plusieurs communes.* — Sous la loi de vendémiaire, toutes ces communes devaient contribuer au paîment de l'amende et des dommages-intérêts ; mais la loi ne disait pas dans quelle mesure, et son silence avait suscité plusieurs systèmes. L'un répartissait le montant de la condamnation par portions égales entre toutes les communes : c'était simple mais peu équitable. Un autre faisait dépendre la responsabilité du nombre de délinquants appartenant à chacune d'elles : plus encore que le premier, ce système aboutissait à des irrégularités choquantes de répartition entre les habitants des diverses communes, en rendant pour eux la charge d'autant plus lourde que la population était moins forte. Le système le plus rationnel se basait, tout en tenant compte de leur culpabilité respective, sur la masse des contributions directes payées par chaque commune, ce qui revenait à prendre pour éléments leurs richesses et leur population (1).

Le projet primitif de la loi de 1884 répartissait la responsabilité des dégâts et dommages proportionnellement au nombre des habitants qui ont pris part aux désordres; mais une autre rédaction fut adoptée par la Chambre des députés sur un amendement de M. Bernard accepté par la commission. L'article 107 décide que chacune des communes sera tenue de contribuer au paîment des dommages-intérêts dans la proportion qui sera fixée par les tribunaux. Il ne tiendra qu'à ceux-ci de combiner la culpabilité relative des communes, ou le nombre de ceux de leurs habitants qui ont participé aux désordres, avec leur population et les contributions payées par elles; mais le législateur a préféré ne poser aucune règle pour laisser au juge la plus complète liberté d'appréciation.

---

(1) Cf. Sourdat. Traité de la responsabilité. T. II. § 1396

CHAPITRE IV

Répartition des dommages-intérêts. — Recours
de la commune

SECTION PREMIÈRE

Répartition des dommages-intérêts

Nous avons déjà dit que les dommages-intérêts payés par la commune n'étaient qu'une avance qu'elle faisait. En effet, il est stipulé par le § 2 de l'article 106 que « les dommages-intérêts dont la commune est responsable sont répartis entre tous les habitants domiciliés dans ladite commune en vertu d'un rôle spécial comprenant les quatre contributions directes. » Ce n'est pas la commune que la loi veut atteindre définitivement, mais les habitants domiciliés, « c'est-à-dire les membres de la commune, ceux qui en élisent l'administration, ou qui, s'ils ne votent pas, sont réputés représentés par elle (1) ». Le montant des dommages-intérêts qui ont été payés, soit au moyen de fonds

(1) « Les dommages-intérêts leur incombent en dernière analyse, et quand la commune les a payés directement, il faut qu'ils les lui reversent. car autrement ils auraient dissipé par leur fait personnel le bien communal, patrimoine de toutes les générations. » Extrait du rapport de M. Demôle. sénateur. Le § 2 de l'art. 106 a été ajouté au projet de loi par la commission du Sénat. Docum. parlem., p. XL.

libres de la commune, soit par l'aliénation de ses biens, soit par un emprunt, sera donc réparti entre tous les habitants domiciliés dans cette commune au jour où les dommages ont été causés par les attroupements ou rassemblements ; car la présomption de faute qui fait la base de leur responsabilité ne peut embrasser les personnes qui avaient cessé d'y résider à ce moment, ni ceux qui n'y habitaient pas encore ; mais un changement de domicile, postérieurement à ces évènements ne dispenserait pas de payer la contribution ; il en serait de même du décès, car l'obligation est personnelle et se transmettrait aux héritiers (1). Par habitants domiciliés, il faut entendre tous ceux qui en fait vivent ou exercent leur profession dans les limites de la commune, sans qu'il soit besoin de rechercher s'ils y ont acquis ou non leur domicile légal, pourvu qu'ils soient inscrits au rôle de l'une des contributions foncière, mobilière, des portes et fenêtres ou des patentes (2). Il faudrait y comprendre aussi les étrangers bien qu'ils ne participent pas au choix de la municipalité et alors même qu'il n'auraient pas été admis à avoir un domicile en France, car ils peuvent y acquérir un domicile de fait, et cela suffit pour être tenu de participer à la répartition des dommages-intérêts.

Cette répartition s'opère par voie administrative : les rôles sont dressés et les réclamations jugées comme en matière de contributions directes (3). Toutefois le

---

(1) Cf. Avis du Conseil d'Etat, comité de l'intérieur, 6 août 1823 et 29 mai 1839.

(2) Cf. Orléans. 30 juin 1849. D. P. 49, 2. 149.

(3) C'est donc le conseil de préfecture qui serait compétent en cette matière, sauf pour les questions d'état. de capacité et même de domicile qui restent du ressort de l'autorité judiciaire.

rôle dont parle l'article 106 § 2 ne ressemble point à celui de l'impôt : celui-ci peut être payé par douzièmes et la part des habitants qui en obtiennent décharge ne retombe pas sur ceux qui en sont grevés ; ici, au contraire, le montant de la contribution ne pourrait être payé par fractions, et la part des dégrevés viendrait accroître la charge des autres contribuables. Car ce que la loi appelle ici rôle est plutôt une sorte d'état de distribution du montant de la condamnation qui a été prononcée contre la commune.

Si le conseil municipal refusait de pourvoir à cette imposition extraordinaire, elle serait établie d'office, conformément à l'article 149 de la loi municipale, par décret du Président de la République, ou bien par une loi, si cette imposition devait dépasser le maximum fixé par la loi de finances pour cette hypothèse. Ce maximum est aujourd'hui de vingt centimes additionnels quand il s'agit d'acquitter des condamnations judiciaires (1).

La personne qui a obtenu des dommages-intérêts, lorsqu'elle est domiciliée dans la commune, ne doit pas être comprise dans la répartition, bien qu'elle puisse tomber sous la présomption de faute qui pèse sur tous les habitants ; mais en vertu de l'article 131 de la loi municipale, toute personne qui plaide contre une commune n'est pas passible des charges et contributions imposées pour l'acquittement des condamnations et des frais du procès. Or cet article 131 est formel et ne contient aucune exception ; il embrasse donc le cas où la commune est condamnée à réparer les suites des actes délictueux commis par des attroupements.

(1) Loi du 18 juillet 1866, art. 11.

SECTION II

Recours des communes contre les auteurs et

complices des délits

La loi de vendémiaire an IV accordait aux habitants de la commune ou des communes responsables un recours contre les auteurs et complices des crimes et délits, à la condition de prouver qu'ils n'avaient pris aucune part aux attroupements. Cette action était personnelle à ceux qui avaient payé la part des indemnités qui leur avait été assignée, et elle ne pouvait pas être exercée par la commune.

L'article 109 a profondément modifié le caractère de ce recours en l'accordant à la commune elle-même : « La commune déclarée responsable peut exercer son recours contre les auteurs et complices du désordre ». Mais pour obtenir le montant intégral des condamnations qui auront été prononcées contre elle, la commune devra mettre en cause tous les auteurs et les complices des désordres ; car si chacun d'eux est responsable de tous les dommages résultant de son crime et de son délit, il ne l'est pas de ceux causés par les auteurs et les complices des délits commis dans les mêmes circonstances. La condamnation une fois obtenue, la commune aura le droit d'invoquer l'article 55 du Code pénal et d'en poursuivre la totalité contre ceux qui sont solvables.

En attribuant à la commune le recours contre les auteurs et complices, l'article 109 a-t-il conservé aux

contribuables le droit d'agir personnellement ? Il est
certain que si la commune exerce l'action, les contribuables n'ont plus aucune raison ni qualité pour l'intenter ; il est également incontestable qu'en cas d'inaction de sa part, et si le conseil municipal, mis en
demeure d'agir, a décidé qu'il n'y avait pas lieu d'exercer l'action, ils peuvent, conformément à l'article 123
de la loi municipale, l'intenter eux-mêmes à leurs risques et périls avec l'autorisation du conseil de préfecture. Mais les contribuables ne pourraient pas réclamer contre les auteurs et complices la réparation du
préjudice que leur cause l'imposition spéciale. Ce n'est
pourtant pas l'avis de M. Morgand qui invoque à
à l'appui de son opinion les principes généraux du droit
civil (1). Nous pensons au contraire que l'article 109
ne s'en est nullement écarté : les habitants n'ont aucun
titre pour agir personnellement contre les auteurs et
complices, et s'ils pouvaient le faire avant la loi de
1884, c'est qu'un texte spécial de loi du 10 vendémiaire
leur en avait créé le droit. En effet, le préjudice qu'ils
éprouvent ne vient pas directement des crimes et des
délits commis par les attroupements, mais bien plutôt
de la négligence et de l'incurie de l'administration
municipale sans laquelle la commune n'eût encouru
aucune condamnation ; et, d'autre part, si la loi met
l'indemnité à leur charge ce n'est point parce qu'ils
sont tenus avec les auteurs, mais parce qu'ils ont eux-
mêmes commis une faute en confiant l'administration
de la commune à une municipalité incapable.

Du reste, en agissant contre la commune, la victime

(1) Morgand, La loi municipale, t. II, p. 167.

des dégâts et dommages résultant de crimes et délits
commis par les attroupements a épuisé l'action civile
que fait naître tout acte criminel ou délictueux. Il ne
subsiste plus que l'action de la commune civilement
responsable contre les individus qui ont engagé sa responsabilité. Cette action, c'est à la commune qu'il
appartient de l'exercer ou aux contribuables en vertu
de l'article 123.

A lui seul, l'article 109 eût été évidemment incomplet, car, sûre d'être toujours désintéressée par les
habitants, la commune n'eût jamais été tentée d'user
de son droit de recours. L'article 123 pare à ce danger,
et le système qui sort de la combinaison de ces deux
articles présente une garantie suffisante à ceux qui
supportent tout le poids de la responsabilité en leur
assurant la possibilité d'un dégrèvement tout au moins
partiel : l'anomalie apparente de la loi, qui accorde,
non pas à ceux-là, mais à la commune, le recours
contre les auteurs, se trouve par là même dissipée (1).

On s'est aussi demandé si la commune ne pouvait
pas poursuivre ses autorités municipales, qui ont mal
rempli leurs devoirs, lorsque la responsabilité des désordres remonte à quelque faute ou négligence coupable
de leur part; mais cette question n'est point spéciale
à l'ordre d'idées que nous traitons ici; elle est commune à toute matière de gestion municipale, et elle
aura reçu naturellement sa solution quand nous aurons
traité de la responsabilité des fonctionnaires municipaux (2).

____

(1) Cf. Béquet : Répertoire de Droit admin. Vᵒ Commune, § 2144.
(2) Cf. Discours du rapporteur de la loi municipale devant le S'nat en
réponse à M. Batbie. Séance du 11 mars 1884. Doc. parlem., p. 528.

TITRE III

Applications spéciales de la responsabilité

des communes

I. — *Impraticabilité des chemins publics.* — Le législateur a pris la peine de tirer lui-même certaines conséquences de la responsabilité à laquelle le droit commun expose les communes. C'est le cas de la loi des 28 septembre - 6 octobre 1791 (tit. II), qui impose aux communes l'obligation de veiller sous leur responsabilité à ce que les chemins vicinaux soient en bon état. Si, pour se frayer un passage, un particulier a dû renverser la clôture de l'héritage riverain d'un chemin, et si le juge de paix reconnaît que ce chemin était impraticable, c'est sur la commune et non sur ce particulier que retombe, en vertu de cette même loi, l'obligation de réparer les dégâts causés à la clôture ainsi qu'à l'héritage.

II. — *Code forestier.* — Ce code renferme plusieurs applications de la responsabilité des communes; nous avons déjà vu qu'il les rendait responsables des condamnations prononcées contre leurs pâtres. D'après l'article 82, les communes usagères dans les forêts domaniales et dans les bois des communes ou des établissements publics sont solidairement respon-

sables des condamnations prononcées contre les entrepreneurs des coupes affouagères qui ont été délivrées à
ces communes. D'après la jurisprudence, cette obligation s'étend aux amendes comme aux dommages-intérêts et aux frais ; en effet, cela semble résulter de la
combinaison des articles 82 et 112 : ce dernier texte
décide qu'un certain nombre de dispositions, et, parmi
elles, l'article 82, seront appliquées à la jouissance des
communes sur leurs propres bois ; or, en pareil cas,
la seule responsabilité que puisse encourir une commune, est celle des amendes prononcées contre l'entrepreneur, puisqu'elle est propriétaire de la coupe (1).

III. — *Loi du 27 avril 1881.* — D'après cette loi,
certaines communes de l'Algérie peuvent recevoir en
dépôt des armes et des munitions pour ceux de leurs
habitants qui appartiennent à la réserve de l'armée
active ou à la territoriale. Ces communes en sont alors
responsables vis-à-vis de l'Etat. Les dépenses nécessi-
tées par les dégradations doivent être avancées par
elles, et au besoin seraient traitées comme dépenses
obligatoires, sauf leur recours contre les détenteurs de
ces armes.

C'est une réminiscence de la loi du 13 juin 1851, en
vertu de laquelle les communes étaient responsables
des armes qui avaient été distribuées aux gardes
nationaux et qui restaient la propriété de l'Etat.

IV. — *Réquisitions pour faits de guerre.* — Le cas
d'une invasion étrangère doit être considéré comme un
des fléaux calamiteux qui donnent au maire le droit de

______

(1) Cassation, 6 juin 1840. D. J. G. Vᵒ Forêts, § 1616. — Metz, 31 août
1852. D. P. 52. 2. 289.

prendre toutes les précautions, toutes les mesures nécessaires pour assurer la sécurité des habitants. C'est une application de l'article 97 § 6°, qui n'est évidemment pas limitatif. A ce titre, il peut, sous le coup de réquisitions formelles, répartir entre les habitants, suivant leurs facultés, le logement et la nourriture des troupes. Ce fait ne saurait donner droit à aucune indemnité au profit des habitants et à la charge de la commune : le seul devoir du maire est de faire la chose équitablement.

Quant aux actes de pillage ou de déprédations commis sur les propriétés par les troupes ennemies, la commune n'en est pas responsable : l'article 108 § 3° déclare formellement que les articles 106 et 107 ne s'appliquent pas aux faits de guerre : en effet, on ne peut pas assimiler une armée belligérante à une bande d'émeutiers ou d'insurgés, et d'ailleurs les faits de guerre sont des évènements de force majeure, dont les communes, pas plus que l'Etat, ne doivent supporter les conséquences (1).

Mais il n'en est plus de même quand un des habitants a satisfait seul aux réquisitions au moyen desquelles l'ennemi s'approvisionne sur le pays occupé, conformément aux usages de la guerre. Ces réquisitions sont censées s'adresser à la masse des habitants de la commune et non pas individuellement aux propriétaires des fournitures ou des objets réquisitionnés. En qualité d'administrateur des intérêts généraux de la commune, le maire peut s'adresser à l'un d'eux et le contraindre à abandonner les marchandises exigées ;

(1) Cf. Cour d'appel de Paris. 21, 28 juin et 1er juillet 1881. Rev. gén. d'admin., 1881, II, p. 459.

mais ce dernier aurait le droit de se faire indemniser par la commune, parce qu'il n'a fait qu'agir en vertu d'une sorte de mandat délivré par le maire dans l'intérêt de la communauté, que ce dernier doit soustraire autant que possible aux violences de l'ennemi.

Nous venons de supposer une réquisition régulière, mais, d'après la jurisprudence, le propriétaire aurait encore son recours contre la commune quand l'ennemi, au lieu d'user de l'intermédiaire de l'autorité municipale, s'est adressé directement à lui, ou lorsque, sans réquisition régulière ou expresse, l'appréhension des denrées a été faite avec le concours de la municipalité : il suffit, en un mot, que l'habitant n'ait fait qu'exécuter des injonctions adressées à la commune. « Dans ce cas, dit M. Ducrocq, l'obligation de la commune dérive d'une sorte de quasi-contrat de gestion d'affaires, s'établissant entre la commune et l'habitant qui a acquitté à lui seul la charge collective (1). »

Il est vrai que la gestion d'affaires suppose ordinairement un acte volontaire, mais il y a ici une considération d'équité qui l'emporte sur toute autre et qui appelle plus impérieusement l'application de l'article 1375 du Code civil. La vie communale engendre une certaine mutualité, et il y a des calamités dont les habitants doivent se garantir les uns les autres (2).

Cette idée d'équité a entraîné la jurisprudence qui s'est montrée souvent très large en cette matière. C'est

(1) Cours de Droit administratif, TI, § 382.
(2) Cette application de la responsabilité de la commune a donné lieu à un grand nombre de décisions de la jurisprudence. Cf. Cassat., 15 mars 1882. D. P. 83. 1. 374. — 7 février 1882. D. P. 82. 1. 57. — 12 avril 1880. D. P. 80. . 419. — 11 décembre 1878. D. P. 79. 1. 117, etc.

ainsi qu'elle a condamné une commune à indemniser ceux qui avaient obéi à une demande de fournitures faite avec menaces par une troupe d'occupation, bien que l'ordre n'ait été donné que verbalement par un employé de la mairie, quand la mise en arrestation du maire avait empêché de procéder régulièrement (1).

La guerre de 1870 a été l'occasion d'une multitude de procès à l'occasion des réquisitions faites par les Allemands. La loi du 27 juin 1881 y a apporté un terme ; en vertu de cette loi, les actions que des particuliers ayant eu à subir des réquisitions directes de la part des autorités allemandes se croiraient en droit d'exercer contre la commune, seront prescrites par un délai de six mois à dater de la promulgation de la loi. Quant aux instances engagées, elles furent soumises à une péremption spéciale de trois mois.

V. — *Responsabilité en cas d'incendie* (2). — L'article 97 § 6º de la loi municipale ordonne au maire de prévenir les incendies par des précautions convenables et celui de les combattre par la distribution des secours nécessaires. Non seulement il peut requérir le concours des citoyens, mais il a encore le droit d'ordonner la destruction des maisons menacées pour circonscrire le fléau, de prendre de l'eau où il y en a, d'épuiser un réservoir particulier pour alimenter les pompes, de pénétrer dans les habitations à l'abri des atteintes du

---

(1) Orléans, 8 mars 1872. D. P. 72. 2. 100.

(2) Cette hypothèse, si elle est plus fréquente, n'est pas la seule qui se présente. D'autres catastrophes peuvent se produire, inondations. éboulements, explosions, invasion de sauterelles en Algérie, etc... et appeler l'activité et l'initiative du maire dans le sens de l'art. 97 § 6º. Les régles qui suivent trouveraient par analogie leur application dans ces différents cas.

feu, etc... Certaines de ces mesures prises par lui en vue de faire cesser le fléau peuvent engager la commune vis-à-vis des personnes auxquelles elle a causé un préjudice.

Il ne s'agit pas ici de dégâts causés sur l'ordre de l'autorité aux propriétés atteintes par le feu ou à celles qui leur sont contiguës : ces dommages sont le résultat d'une force majeure, et n'entraîneraient la responsabilité de la commune que s'ils avaient été ordonnés mal à propos, ou s'ils avaient été causés d'une manière abusive ou vexatoire par les agents chargés de combattre l'incendie.

Mais le maire peut imposer un préjudice à une propriété qui est hors de danger, en pareil cas, la commune doit le réparer. Ce n'est pas que son obligation ait pour cause un quasi-délit, car en disposant de la fortune d'autrui dans une circonstance pareille, le maire s'est acquitté d'un devoir que la loi attache à sa fonction. Il se forme ici un engagement qui tient à la nature des quasi-contrats, une sorte de gestion d'affaires (C. c., art. 1375) pour le compte de la commune ; d'ailleurs, nul ne peut être contraint de céder sa propriété, même pour cause d'utilité publique, sans une juste indemnité. Mais pour que cette indemnité soit due, il faut que les dommages aient été causés à des propriétés à l'abri des atteintes du feu, ce qui sera une question de fait laissée à l'appréciation des tribunaux (1); il faut aussi que les dommages aient été causés en exécution des ordres du maire ou de ceux donnés par l'officier ou le sapeur-

(1) Cassat. 1er juin 1886, D. P. 87. I. 166. — 3 janvier 1883, D. P. 83 I. 211.

pompier le plus élevé en grade (art. 20 du décret du 29 décembre 1875) (1).

C'est par application du même principe que le décret de 1875 impose aux communes l'obligation de subvenir aux secours et pensions alloués aux sapeurs-pompiers victimes de leur·dévoûment, ainsi qu'à leurs veuves ou à leurs enfants. Une indemnité serait également due à tout citoyen dont le concours aurait été requis par le maire, s'il en était résulté pour lui une blessure, et, en cas de mort, elle serait due à sa veuve ou à ses orphelins.

En principe, la responsabilité encourue en pareil cas par la commune n'ouvre aucun recours à son profit. Les secours que la municipalité organise pour éviter une calamité ou en arrêter les effets, constituent une dette de la commune vis-à-vis de ses habitants et doivent rester à sa charge exclusive (art. 97 § 6º). Pourtant elle aurait un recours si l'incendie avait eu pour cause une faute prouvée de la part de ceux qui ont été secourus (2).

---

(1) « En cas d'incendie, la direction et l'organisation des secours appartiennent exclusivement à l'officier commandant ou au sapeur-pompier le plus élevé en grade, qui donne seul des ordres aux travailleurs. — L'autorité locale conserve ses droits pour le maintien de l'ordre pendant le sinistre. »

(2) Cassat. 3 mars 1880, D. P. 80. 1. 297.

DEUXIÈME PARTIE

RESPONSABILITÉ DES FONCTIONNAIRES MUNICIPAUX

INTRODUCTION

Avant d'aborder l'analyse de la responsabilité des fonctionnaires municipaux, il est indispensable de déterminer quels sont ceux qui, pouvant se prévaloir des avantages et des garanties attachés à ce titre, sont rigoureusement tenus de remplir les obligations et de supporter les charges qu'il comporte. Cela est d'autant plus nécessaire que nous n'entendons nullement user de ce mot avec le sens large qu'on lui donne quelquefois, en y embrassant la masse de ceux qui, dans la commune, occupent une charge élective ou un emploi salarié, les autorités municipales et tous les individus qui émargent au budget communal.

En effet, nous estimons qu'en droit, pour être fonctionnaire, il y a une condition essentielle, c'est d'avoir un caractère public ; et, dans la commune, aussi bien que dans l'Etat, cette qualité n'appartient qu'aux personnes qui participent d'une manière directe à l'administration, ou plus spécialement à *l'action adminis-trative.*

Si nous appuyons sur ce dernier mot, c'est que la gestion des intérêts communaux comprend deux branches bien séparées : l'action et la délibération. Or, ceux qui prennent part à la seconde ne sont pas des fonctionnaires, pas plus, du reste, que les membres des assemblées délibérantes dans chacune des autres unités administratives, le département et l'Etat. Mais s'ils ne sont pas des agents, ce serait une erreur de croire que les conseillers municipaux soient à l'abri de toute responsabilité. Au contraire, quand réunis en séance, ou au cours d'une délibération, ils se rendent auteurs ou complices d'un acte délictueux, ils tombent sous l'application de la loi commune. Ainsi l'arrêt de la Cour de Lyon du 22 juillet 1875, condamne, avec le maire, seize conseillers municipaux sur les considérants qui suivent : « Que ce sont eux qui ont pris l'initiative de toutes les mesures violentes, vexatoires et spoliatrices dont les frères ont été victimes ; que sous le prétexte mensonger de l'intérêt de la défense nationale, ils ont donné libre carrière à leurs mauvaises passions; que leur but était d'expulser les frères..., de faire de leur propriété une propriété communale; que le maire et les seize conseillers municipaux doivent personnellement aux frères la réparation du dommage qu'ils leur ont causé par leurs agissements coupables... » (1).

Mais le délit le plus fréquemment commis et qui a

---

(1) Affaires des frères de Calluire D. J G. Sup. Vº commune, § 1296.

donné lieu au plus grand nombre de décisions de jurisprudence, c'est la diffamation (1). A la différence des
membres des assemblées législatives, qui sont protégés par une présomption *juris et de jure* de bonne
foi (2), les conseillers municipaux peuvent être poursuivis à raison des votes ou des opinions qu'ils ont
émis. Sans doute leur qualité les expose souvent à
émettre des avis sur les personnes et sur les actes,
aussi a-t-il été reconnu que leur responsabilité ne doit
pas être absolue, mais il ne faut pas que cela aille
jusqu'à l'immunité, et que cette situation permette aux
conseillers municipaux de porter impunément atteinte
à l'honneur ou à la considération de leurs concitoyens.
Cela serait surtout dangereux aujourd'hui que les
séances des conseils municipaux sont publiques. Leurs
membres seront donc obligés de réparer, comme le
commun des mortels, le préjudice causé par les imputations diffamatoires, proférées par eux avec intention
de nuire, ou même imprudemment, au cours d'une délibération. Cela n'enlève rien à la liberté de ces délibérations, car si la loi du 5 avril 1884 a rendu
publiques les séances du conseil, elle lui permet
d'éviter les dangers qui en résultent, et de se constituer
en comité secret. Il suffit pour cela que la demande
en soit faite par trois de ses membres ou par le
maire.

Avec les conseillers municipaux, mais dans un autre
ordre d'idées, nous écarterons de la liste des fonctionnaires les secrétaires de mairie et tous les em-

____

(1) Cf. Ferdinand Sanlaville, du Délit de diffamation commis par les
conseils municipaux. Rev. génér. d'administ., janvier 1888.

(2) Art. 41 de la loi du 29 juillet 1881 sur la Presse.

ployés municipaux. Tous, quel que soit leur titre, doivent être considérés seulement comme des serviteurs à gage, revêtus des droits et des obligations qui sont les effets ordinaires du contrat de louage d'ouvrage, car si le maire les nomme et les révoque par arrêté, cela tient à ce qu'il s'agit ici d'une administration publique, et que la loi donne à leur investiture ou à leur renvoi une forme administrative; mais cet arrêté ne leur confère aucun caractère public, et le maire n'en est pas moins soumis aux conséquences juridiques du contrat, masqué sous cette forme. Ils sont donc ses préposés et indirectement ceux de la commune; et leurs délits sont susceptibles d'engager la responsabilité personnelle des autorités municipales. Celles-ci ne peuvent rien leur déléguer de leurs pouvoirs, et eux-mêmes n'exercent aucune autorité spéciale. Enfin, aucun de leurs actes ne seraient de nature à justifier la production d'un arrêté de conflit, de même qu'ils ne jouissaient pas, sous l'empire de l'article 75 de la constitution de l'an VIII, de la garantie administrative. Ils n'ont donc aucun des caractères du fonctionnaire public; aussi la loi ne se préoccupe d'eux que pour ranger leur traitement parmi les dépenses obligatoires du budget, sans leur attribuer une situation officielle (1).

Il n'y a donc comme fonctionnaires municipaux que ceux qui participent directement et d'une manière

---

(1) Il en fut autrement sous la loi du 21 fructidor an III, mais cela ne dura que jusqu'à celle du 28 pluviôse an VIII; peu après un avis du Conseil d'Etat (20 juillet 1807) déclara qu'ils étaient dépourvus de tout caractère public. Ni la loi de 1837, ni celle de 1884 n'ont modifié ce régime. Cf. Lyon, 3 février 1872. D. P. 73. 3. 34.

active à l'administration de la commune, c'est-à-dire les administrateurs et les comptables.

L'administration proprement dite est le monopole du maire et de ses adjoints. Ils sont élus par le conseil municipal pour une durée qui ne dépasse pas celle de son propre mandat. Le maire seul est chargé de l'administration, mais il peut sous sa surveillance et sa responsabilité déléguer une partie de ses fonctions aux adjoints ou, en cas d'empêchement de ceux-ci, à des conseillers municipaux. Cette délégation doit être faite par un arrêté spécial, transcrit au registre de la mairie, et n'apporte aucune entrave aux droits du maire, qui reste maître de la faire cesser quand il veut ; mais elle ne s'applique que dans le cas où le maire, résidant dans sa commune, désire se décharger d'une partie de ses nombreuses attributions : s'il est absent, de même que s'il est empêché, suspendu ou révoqué, il est remplacé dans la plénitude de ses fonctions et de ses attributions par un adjoint pris dans l'ordre des nominations, ou, à défaut d'adjoints, par un conseiller municipal désigné par le conseil, sinon pris dans l'ordre du tableau, à condition qu'il soit éligible aux fonctions de maire, et qu'il n'y ait pas pour lui une incompatibilité. Le conseil doit également désigner un de ses membres, pour remplacer le maire, chaque fois que les intérêts de ce dernier se trouvent en opposition avec ceux de la commune, pour représenter celle-ci, soit dans un contrat, soit en justice. Enfin lorsqu'il n'existe ni maire ni conseil, et jusqu'à l'installation d'une nouvelle municipalité, les attributions du maire appartiennent au président ou au vice-président de la délégation spéciale, nommée, en vertu des articles 44 et 45 de la loi municipale par décret du Président de la République ; mais le pouvoir de cette délégation est restreint aux actes de pure administration conservatoire et urgente.

La comptabilité de la commune appartient toute entière au receveur municipal. Cette charge est habituellement exercée par les percepteurs des contributions directes, à moins que les revenus de la commune ne dépassent pas 30,000 francs ; elle peut alors être remise à un fonctionnaire spécial, nommé par l'autorité supérieure. Si pour cette raison, nous avons nié, dans notre première partie, qu'il fût un préposé de la commune dans le sens de l'article 1384 3°, nous ne l'en considérons pas moins comme un fonctionnaire municipal. En effet, la comptabilité est une des branches de l'action administrative, branche absolument distincte et indépendante de l'administration proprement dite ; et cet agent est en quelque sorte une des artères de la commune, dont il détient la fortune, tout en participant à sa gestion dans une sphère différente de celle du maire. Ce dernier a le droit d'exercer une surveillance indirecte sur la comptabilité, mais la loi lui interdit formellement de s'y ingérer, sinon il encourt une grave responsabilité que nous aurons à faire ressortir.

Le plan de cette deuxième partie se trouve ainsi tout tracé. Cependant, avant d'y entrer, nous passerons en revue la responsabilité à laquelle sont exposés les maires à raison de leurs fonctions d'ordre judiciaire dont nos Codes les ont revêtus.

Indépendamment de leur titre d'administrateur de la commune, les maires sont appelés à exercer certaines autres attributions. D'abord ils représentent le pouvoir central sur le territoire de cette commune, mais, dans ce cas, leur qualité de fonctionnaires municipaux s'efface devant celle d'agent de l'État. Nous n'avons donc pas à nous préoccuper de la responsabilité qu'ils encourent dans cette hypothèse. Il n'en est pas absolument de même de celle où le maire remplit ses fonctions d'officier de l'état-civil, et celles d'officier de police judiciaire, car ici il agit avant tout dans l'intérêt de la commune et de ses habitants. Toutefois comme cet ordre d'attributions présente un aspect bien caractérisé et spécial, nous traiterons dans un titre distinct la responsabilité qu'elles font encourir au maire.

TITRE PREMIER

Responsabilité des officiers de l'état - civil et des officiers de police judiciaire de la commune

CHAPITRE PREMIER

Responsabilité des officiers de l'état-civil

Les fonctions de l'officier de l'état-civil ont pour objet :

1º De constater les naissances, de recevoir les reconnaissances d'enfants naturels, de célébrer les mariages, de constater les décès ;

2º De dresser acte de ces différentes opérations ;

3º De tenir les registres de l'état-civil ;

4º De veiller à la conservation de ces registres et d'en délivrer des extraits à tous requérants ;

Le ministère de ce magistrat est toujours provoqué ; en aucun cas, il ne doit agir d'office, et dans les actes qu'il dresse, il ne peut insérer rien d'autre que ce qui est déclaré par les parties, ni rien de plus que ce qui est prescrit par la loi. Ces actes sont inscrits sur un ou plusieurs registres tenus doubles.

Une fois rédigé, l'acte appartient aux ayant-droit, et il n'est plus permis de le réformer. Si une rectification est nécessaire, l'officier de l'état-civil n'a pas le droit d'y procéder d'office, ni le procureur de la République celui de l'ordonner en vertu de son pouvoir de surveillance (1) ; elle ne peut avoir lieu que sur un jugement du tribunal civil, et, si elle était due à la négligence de l'officier de l'état-civil, les frais de l'instance seraient à la charge de ce dernier.

Pour qu'un acte soit authentique, il doit avoir été reçu par l'officier de l'état-civil compétent. Or sa compétence n'est point personnelle, mais purement locale : il ne peut pas instrumenter hors des limites territoriales de sa commune ; ajoutons que c'est à la mairie que les déclarations sont faites, et que, en aucun cas, les déclarants ne sont obligés de se transporter au domicile du maire. Le tribunal de Vassy a condamné à des dommages-intérêts un maire qui, en soulevant cette prétention, et en refusant de se rendre à la maison commune avait empêché un père de faire dresser l'acte de naissance de son enfant (2).

Les maires et adjoints, quand ils remplissent leurs fonctions d'officiers de l'état-civil, ne sont point des agents administratifs. Ce sont des fonctionnaires de l'ordre judiciaire, placés sous la surveillance du procureur de la République et la juridiction du tribunal civil. D'où il suit qu'avant le décret du 29 septembre 1870, on pouvait les poursuivre directement à raison de l'exercice de leurs fonctions, sans qu'ils aient droit au bénéfice de l'article 75 de la Constitution de l'an VIII, et aujourd'hui l'action dirigée contre eux

(1) Cf. pourtant l'ordonnance du du 23 novembre 1822 et les modèles qui la terminent.

(2) Jugement du 24 novembre 1882. Rev. génér. d'admin. 1883. I. 452.

ne peut pas être arrêtée par la procédure du conflit.

Pour garantir l'exact accomplissement des différentes formalités qui leur sont prescrites, les officiers de l'état-civil, ainsi que les dépositaires des registres, sont exposés à une double responsabilité :

1º A l'action en dommages-intérêts intentée par la personne qui a éprouvé un dommage à cause d'une énonciation inexacte, ou de l'inscription de l'acte sur une feuille volante, ou de la négligence des fonctionnaires préposés à la garde des registres, qui ont laissé commettre des altérations ou des destructions ;

2º A l'action dirigée par le procureur de la République, à qui la loi confie la mission d'exercer sur les registres de l'état-civil une surveillance active (1). Cette action tend à l'application d'une peine plus ou moins rigoureuse suivant que le fait ne constitue qu'une simple contravention poursuivie devant les tribunaux civils ou bien un délit poursuivi devant les tribunaux répressifs.

———

SECTION PREMIÈRE

Responsabilité civile

Elle découle de l'article 52 du Code civil : « Toute altération, tout faux dans les actes de l'état-civil, toute

---

(1) Art. 83 du Code civil. Il ne faudrait pas s'en tenir au mot *dénoncera* de ce texte qui a été écrit en conformité avec la législation alors en vigueur. Il s'est trouvé modifié par l'art. 22 du C. d'inst. cr. qui charge le ministère public de *poursuivre* tous les délits.

inscription de ces actes sur une feuille volante ou autrement que sur des registres à ce destinés donneront lieu aux dommages-intérêts des parties sans préjudice des peines portées au Code pénal ». Cette disposition n'est point limitative, elle donne des exemples de la responsabilité, mais elle n'exclurait pas l'application des articles 1382 et 1383. L'officier de l'état-civil qui aurait indiqué sans son aveu le père d'un enfant naturel, ou, en général, qui aurait inscrit une déclaration de nature à nuire à un tiers, et le dépositaire qui aurait égaré des registres s'exposeraient l'un et l'autre à des dommages-intérêts.

L'altération dont parle l'article 52 comprend tout fait volontaire de l'homme qui dénaturerait la substance d'un acte et tout changement apporté dans l'état matériel du registre, comme l'arrachement d'une feuille et la substitution d'une autre ou les modifications dans l'écriture. L'officier de l'état-civil n'aurait évidemment pas à répondre des altérations qui seraient le résultat du temps ou d'un événement indépendant de sa surveillance, à moins que l'accident ne soit de ceux qu'une prudence plus attentive de sa part eût pu éviter, question de fait qui sera appréciée par les tribunaux.

La célébration du mariage est également susceptible d'engager la responsabilité de l'officier de l'état-civil qui y a procédé irrégulièrement, et l'article 68 en donne un exemple dans le cas où cette célébration a eu lieu malgré une opposition dont il n'avait pas été donné mainlevée.

La garde des registres de l'état-civil est confiée le plus souvent aux secrétaires de mairie ou à des employés chargés spécialement de ce soin. Les uns et les autres, indépendamment de l'officier, dont l'obligation domine la leur, sont soumis à l'article 51 qui rend tout dépositaire des registres civilement responsables des altérations qui y surviennent, sauf son recours contre les auteurs de ces altérations ; mais ils cesseraient d'être tenus si, malgré toutes les précautions qui ont été prises, le dépôt avait été violé, et les altérations pratiquées à la suite d'un événement de force majeure.

En général, dans toute action de ce genre, la partie poursuivante doit justifier d'un préjudice et prouver qu'il y a fait ou négligence de l'officier ou de ceux dont il répond. Quand aux tribunaux qui auront à juger les diverses conséquences de cette responsabilité, ils pourront tenir compte de ce que les fonctions dont sont investis les officiers de l'état-civil, sont souvent onéreuses et jamais salariées pour modérer l'étendue de leur obligation : une rigueur excessive à leur égard serait une véritable injustice.

En général il n'appartient pas à l'officier de l'état-civil de contrôler la véracité des déclarations que lui font les parties, il doit se borner à les recevoir. Mais la loi ne l'oblige évidemment pas à accepter des déclarations qui l'exposent à des condamnations civiles ou pénales, et sa responsabilité suffit pour lui permettre de sortir de son rôle purement passif. C'est ainsi qu'il serait personnellement coupable d'accepter la déclaration d'un individu qu'il saurait marié et qui viendrait reconnaître un enfant né hors de son mariage.

SECTION II

Responsabilité pénale

Empêché de frapper de nullité les actes viciés par quelque irrégularité, le législateur a prononcé des peines sévères contre les officiers et les dépositaires des registres qui ne se conformeraient pas à ses prescriptions en vue de la conservation de l'état-civil des personnes. Parmi ces pénalités, les unes sont édictées par le Code civil et prononcées par les tribunaux civils, d'autres au contraire sont édictées par le Code pénal et les tribunaux répressifs peuvent seuls apprécier les faits qui y donnent lieu.

§ 1. — *Contraventions prévues par le Code civil.*

Toute contravention aux formalités générales des actes de l'état-civil, c'est-à-dire aux règles concernant leur rédaction, la tenue des registres, les mentions à y faire, leur dépôt, leurs extraits, fait encourir une amende de 100 francs (art. 50 et 252 § 2). Une autre amende de 300 francs frappe l'officier de l'état-civil qui aura célébré un mariage à l'encontre d'une opposition, dont la mainlevée ne lui a pas été donnée (art. 68). Enfin, les articles 156 et 157, 192 et 193 prononcent contre lui une amende, et les deux premiers la peine d'emprisonnement (1), quand il a omis d'énoncer le

______

(1) Les art. 156 et 157 n'indiquent que le minimum de la durée de l'emprisonnement. mais comme il s'agit d'une peine. et par conséquent d'une disposition qui doit être interprétée restrictivement. les juges ne doivent pas le dépasser. *Contrà* Demolombe, t. III, § 91.

consentement des parents dans l'acte de célébration du mariage d'un mineur, quand il a procédé à cette célébration sans qu'il ait été fait d'actes respectueux s'ils étaient requis par la loi, et quand le mariage a eu lieu sans publications ou sans publicité.

Toutes ces pénalités seraient encourues malgré la bonne foi de l'officier, et bien qu'il n'y ait eu de sa part ni collusion, ni malveillance, qu'il n'en soit résulté aucun préjudice, et qu'en fait, l'acte n'ait pas été dressé par lui personnellement.

La compétence des tribunaux civils relativement à ces contraventions a soulevé la question de savoir si les condamnations, prononcées par les tribunaux civils, le sont en dernier ressort, quand elles n'excèdent pas 1,500 francs. Bien que l'article 54 consacre le principe général des deux degrés de juridiction à l'égard des actes de l'état-civil, certains auteurs refusent d'en tenir compte ici, sous ce prétexte que le tribunal, en jugeant une contravention de l'officier de l'état-civil, ne connaît pas de l'acte, mais qu'il s'en sert simplement comme d'une pièce à conviction ; ils ajoutent qu'il est de principe que les amendes prononcées par le tribunal civil ne sont pas des peines. C'est là une double erreur. Ce n'est pas une raison parce qu'il y a compétence du tribunal civil pour refuser à ces amendes le caractère pénal ; on ne peut les envisager comme de simples réparations civiles, et alors que seront-elles sinon des peines ? Mais si on est en matière pénale, l'appel est de droit, et il faut appliquer l'article 54 ; d'ailleurs le tribunal ne se contente pas de relever une contravention, il doit la rechercher, et, pour cela, il juge, au moins quant à sa forme, l'acte lui-même qui la contient (1).

Certains auteurs décident que les peines édictées par les articles 156 et 157 du Code civil peuvent être mitigées par l'admission des circonstances atténuantes. En effet, on peut les accorder pour les délits relatifs à la tenue des registres et prévus par l'article 193 du Code pénal ; il serait injuste d'en refuser le bénéfice à des infractions de même nature et considérées par le législateur comme étant moins graves (2). Ce système est équitable, mais si on l'admet, malgré les termes formels de l'article 463 du Code pénal, il n'y a pas de raison pour ne pas l'étendre aux autres contraventions punies par le Code civil.

Les poursuites exercées contre les officiers de l'état-civil, fréquentes autrefois, sont devenues plus rares aujourd'hui. Sans doute les précautions que l'on prend sont plus minutieuses, mais en fait les dispositions que nous venons de rappeler visent « des contraventions pour ainsi dire inévitables, et qui se commettent journellement dans les 36,000 communes de France. » Il faut se garder de les confondre avec le crime de faux dont plusieurs se rapprochent sensiblement, mais pour que ce crime soit établi, il faut la réunion de ces trois conditions : 1o l'altération matérielle de la vérité dans un acte ; 2o l'intention frauduleuse ; 3o le préjudice causé ou possible. Ces deux dernières conditions sont rares, mais la première seule peut donner lieu à

<hr>

(1) Cf. Fuzier-Hermann, Répertoire, Vo Acte de l'état-civil, § 77. — Demolombe, T. I. § 289. — Metz, 8 mai 1851. D. P. 53. 2. 129.

(2) Cf. Fuzier-Hermann, C. civ. annoté, art. 156.— Dalloz, C. P. annoté art. 193 § 15.

une poursuite devant le tribunal civil en vertu de l'article 50 (1).

§ 2. — *Délits prévus par le Code pénal.*

Les articles 192 à 194 du Code pénal punissent des peines correctionnelles les officiers de l'état-civil, qui se seraient rendus coupables d'avoir inscrit un acte sur une feuille volante ; de ne s'être point assuré de l'existence du consentement des personnes dont la loi le requiert pour la validité du mariage (2) ; enfin d'avoir procédé au mariage d'une veuve avant l'expiration du délai de dix mois. Ces délits ont ceci de commun avec les contraventions prévues par le Code civil, que le juge n'a point à se demander s'ils ont été commis avec ou sans intention : la simple négligence de l'officier de l'état-civil suffirait pour faire encourir la peine, en dehors de toute collusion, de toute malveillance et de tout préjudice. Il faut ajouter que ces textes ne portent aucune atteinte aux dispositions pénales du Code civil (C. P. art. 195), même à l'article 156 de ce Code qui semble avoir pour objet le même délit que l'article 193 du Code pénal : leur rédaction diffère suffisamment pour permettre de les appliquer tous les deux.

En vertu de l'article 77 du Code civil, l'officier de l'état-civil qui reçoit la déclaration d'un décès doit se

____

(1) Cf. Tribunal de Saint-Yrieix, 31 décembre 1890. Gaz. des tribunaux, 7 février 1891.

(2) Cf. un arrêt de la Cour de Poitiers, du 2 février 1883, qui décide que le maire n'encourt pas les peines prononcées par l'art. 193 lorsque, s'étant rendu au domicile des parents pour s'assurer de leur consentement, il n'a procédé que le lendemain à la célébration du mariage.

transporter aussitôt au domicile de la personne décé-
dée pour s'assurer lui-même de la mort. Dans la pratique, il s'en acquitte rarement, et s'en rapporte le plus
souvent au dire d'un homme de l'art, médecin, chirur-
gien, officier de santé. A Paris, cet usage a même été
réglementé par un arrêté préfectoral du 31 décembre
1821 (1). Quoi qu'il en soit, l'article 358 du Code pénal
qui punit d'un emprisonnement de six jours à deux
mois, et d'une amende de seize à cinquante francs,
tous ceux qui auront contrevenu à la loi et aux règlements relatifs aux inhumations précipitées peut s'appliquer à l'officier de l'état-civil qui aurait délivré un
permis d'inhumer sans remplir les formalités prescrites par l'article 77. La même disposition s'appliquerait
encore au maire qui ne se serait pas conformé à l'article 13 du décret du 3 janvier 1813, relatif au décès
des ouvriers dans l'exploitation des mines. En vertu
de cet article le maire doit se faire présenter les corps
des ouvriers qui ont péri par accident dans l'exploitation, et ne permettre l'inhumation qu'après avoir fait
dresser procès-verbal.

La tenue des registres de l'état-civil peut donner
lieu à des poursuites criminelles quand le crime de
faux en écriture publique est commis à leur occasion ;
nous ne reviendrons pas sur les conditions de ce crime,
prévu par les articles 145 et 146 du Code pénal qui
prononcent la peine des travaux forcés contre le faus-
saire ; à ce point de vue la responsabilité qui frappe
l'officier de l'état-civil ne diffère pas de celle qui menace

(1) Cf. Fuzier Hermann, Repert. V° Acte de l'état-civil, § 525. —
Bonduel, Inhumations et sépultures. Thèse pour le doctorat, p. 119.

tout fonctionnaire ou officier public dans l'exercice de
ses fonctions.

§ 3. — *Procédure et prescription*

Dans les cas où la peine est prononcée par le tribunal civil, ce sont les règles et les formes de la procédure
civile qu'il faut suivre, et la condamnation qui inter-
viendrait ne devrait pas être transcrite sur le casier
judiciaire ; en dehors de là, on suit les règles normales
de toute action publique, et la poursuite a lieu devant
les tribunaux répressifs conformément au droit commun.

D'un côté comme de l'autre, les faits n'auront jamais
le caractère d'actes administratifs et les actions, auxquelles ils donneront lieu, ne pourraient pas être
arrêtées par l'exception d'incompétence, tirée du principe de la séparation des pouvoirs ; pas plus qu'elles
ne l'eussent été, avant le décret de 1870, par la fin de
non recevoir résultant du défaut d'autorisation administrative. Le procureur de la République peut poursuivre d'office les contraventions aux lois sur l'état-
civil, et requérir sans le concours des personnes intéressées l'application des peines prononcées par le Code
civil ou le Code pénal.

Du reste, il est admis que le ministère public n'est
pas obligé de poursuivre judiciairement les officiers de
l'état-civil chaque fois qu'il y a une irrégularité dans
les registres ; ses pouvoirs ont même été restreints à
ce point de vue : pour éviter que des poursuites inop-
portunes ne viennent atteindre la considération de ces
fonctionnaires municipaux, un avis du conseil d'État du

30 juin 1806 et une lettre du ministre de la justice du 10 septembre 1806 ordonnent aux procureurs de donner avis au garde des sceaux des contraventions constatées, afin qu'il examine s'il y a lieu de poursuivre. On a pensé que les fonctions d'officier de l'état-civil étant gratuites et constituant des charges souvent onéreuses, il eut été dangereux de les déconsidérer par des poursuites inutiles et des condamnations rigoureuses.

Mais s'il s'agit d'un crime ou d'un délit, le ministère public reprend toute sa liberté d'action, car la faute est alors assez grave par elle-même, et en pareil cas il importe souvent d'agir avec célérité.

C'est déjà une anomalie bizarre que, parmi les contraventions relatives à l'état-civil des personnes, il y en ait qui soient punies par le Code civil, et d'autres par le Code pénal, pourtant cette anomalie en a engendré une autre, qui, celle-là, est d'une injustice criante. S'agit-il d'une infraction punie par le Code pénal, la prescription de l'action est de trois ou dix ans, suivant qu'elle est exercée à raison d'un crime ou d'un délit, et celle de la peine est de cinq à vingt ans. Au contraire, si l'infraction est de celles qu'a prévues le Code civil, si le maire avait, par exemple, simplement omis de donner lecture de l'acte aux parties, la prescription de l'action et celle de la peine seraient de trente années.

Appendice. — *Responsabilité de l'officier de l'état-civil vis-à-vis de l'administration de l'enregistrement*

En principe, les actes de l'état-civil ne sont pas soumis à la formalité de l'enregistrement ; deux seulement font exception à cette règle : l'acte de divorce et la reconnaissance d'un enfant naturel.

Néanmoins les officiers de l'état-civil n'encourent pas l'amende de 50 francs (1), dont l'article 41 de la loi de la loi du 22 frimaire an VII frappe certains officiers publics, quand ils ont délivré en brevet-copie ou expédition un acte soumis à l'enregistrement sur la minute ou l'original, ou quand ils ont dressé un acte en conséquence avant qu'il ait été enregistré. En effet, l'article 41 ne cite pas les officiers de l'état-civil dans son énumération, or les lois fiscales doivent être appliquées et interprétées strictement. Cette solution est admise par l'administration ; elle ne prétend pas non plus imposer à ces fonctionnaires l'obligation de faire enregistrer les expéditions délivrées par eux, ni d'acquitter les droits dus par les parties, mais elle soutient qu'ils doivent les payer quand la partie qui présente l'acte à l'enregistrement refuse de payer ou se trouve dans l'impossibilité de le faire (2).

Les droits sont perçus sur la première expédition. Lors de la délivrance aux intéressés, l'officier doit donc sous sa responsabilité indiquer en marge de la minute l'accomplissement de la formalité et répéter la même indication sur les expéditions ultérieures faute de quoi le droit serait exigible sur les expéditions dépourvues de la mention (3).

Enfin la loi de frimaire an VII prévoit deux contra-

---

(1) Cette amende fut réduite à 10 francs par la loi du 16 juin 1824, art. 10.

(2) Dictionnaire de l'enregistrement, Vº Acte de l'état civil, § 13. Solution de la 1égie de l'enregistrement du 19 juillet 1871.

(3) Instruction du 5 août 1884 du directeur général de l'enregistrement. Revue générale d'administration 1884. III. 235.

ventions spéciales aux dépositaires des registres ou aux officiers de l'état civil (art. 54 et 55) :

1º Le refus de communiquer les registres de l'état-civil aux préposés de l'enregistrement ;

2º La remise tardive de la notice des décès survenus pendant le trimestre écoulé.

Dans l'un et l'autre cas, ils encourent une amende de 10 francs, la loi du 16 juillet 1824 ayant réduit à ce chiffre la pénalité antérieure. Mais l'administration, prenant en considération la gratuité des fonctions des maires et des officiers de l'état-civil, a fait remise de ces amendes et prescrit de n'en exiger le paiment qu'en cas de mauvaise volonté ou de négligence habituelle de ces officiers.

CHAPITRE II

Responsabilité des officiers de police judiciaire

Les maires, leurs adjoints, et les gardes champêtres
sont désignés par l'article 9 du Code d'instruction criminelle pour remplir les fonctions d'officier de police
judiciaire. A ce titre, l'article 483 du même Code les
rend justiciables de la chambre civile de la cour d'appel pour les délits commis dans l'exercice de leurs
fonctions; et, en vertu de l'article 484, s'ils sont prévenus d'un crime emportant la peine de forfaiture ou
une autre plus grave, le procureur général et le premier président de la Cour, ou tels autres officiers
spécialement désignés par eux, remplissent les fonctions ordinairement dévolues au procureur de la
République et au juge d'instruction. Ce privilège de
juridiction n'est point personnel, il est attaché à une
qualité que la loi attribue à ces fonctionnaires municipaux, et rien qu'à cette qualité ; en d'autres termes,
ils ne s'appliquent qu'aux infractions commises dans
l'exercice de leurs fonctions d'officiers de police judiciaire (1).

Si on s'en tient aux termes stricts de la loi, ce privilège, le seul qui leur serait accordé, ne dépasserait
pas l'action pénale ; mais la jurisprudence restreint

____

(1) Cf. Cassation, 19 mars 1885. D. P. 85. 1. 426.

dans une large mesure la responsabilité civile, qui peut résulter pour ces fonctionnaires du dommage abusivement causé aux justiciables par les actes de leurs fonctions, en leur accordant le bénéfice de la prise à partie.

Cette extension n'a pas été admise sans protestation, parce qu'aucun texte législatif ne leur accorde formellement cette faveur, et que la prise à partie est une voie de recours extraordinaire, exceptionnelle, qui ne doit être étendue ni à des cas, ni à des personnes non spécifiés par la loi. L'identité de motifs, fût-elle évidente, ne permet pas au juge de se placer au-dessus de la loi ; or les articles 505 à 509 du Code pénal qui organisent cette procédure ne l'accordent qu'aux membres des Cours et des tribunaux. Ces expressions embrassent certainement les membres du parquet, mais y comprendre tous les officiers de la police judiciaire, tous les agents auxiliaires qui participent à l'exercice de l'action publique, c'est forcer le sens de la loi et en dénaturer l'esprit (1).

En admettant que ce système élargisse les termes de la loi, il est inexact de dire qu'il en dénature l'esprit. Car, pourquoi couvrirait-elle les magistrats chargés d'exercer l'action publique, et laisserait-elle sans protection leurs auxiliaires plus humbles dont le concours est indispensable à l'exercice de cette action ? Si pour des faits relatifs à leurs fonctions, et quant à la poursuite exercée à la requête du ministère public, il a paru utile d'assimiler les agents de la police

---

(1) Cf. Rapport de M. Almeras-Latour dans l'affaire Labadié, et les conclusions de M. Reverchon dans les affaires Labadié et Verlaguet. Cassat. 8 février 1876 et 15 décembre 1874. D. P. 76. 1. 291-300. Les deux fois la Cour a évité de se prononcer sur cette question.

judiciaire aux juges ou aux magistrats proprement dits (art. 483), il n'est pas moins utile, il est même nécessaire de les assimiler, quant à la procédure qui règle les actions civiles dirigées contre eux en la même qualité et à raison des mêmes fautes. En effet, la prise à partie est fondée sur des considérations de même nature que le privilège de juridiction de l'article 483 du Code d'instruction criminelle; l'une et l'autre se résument en une compétence exceptionnelle attribuée à la Cour d'appel dans le double but d'assurer la justice aux parties contre leurs propres juges, et de garantir en même temps ceux-ci des atteintes auxquelles les exposeraient l'animosité d'un prévenu ou d'un accusé.

Enfin le texte de l'article 358 § 4 du Code d'instruction criminelle paraît sanctionner ce système : « L'accusé acquitté pourra aussi obtenir des dommages-intérêts contre ses dénonciateurs, pour fait de calomnie; sans néanmoins que les membres des autorités constituées puissent être ainsi poursuivis à raison des avis qu'ils sont tenus de donner concernant les délits dont ils ont cru acquérir la connaissance dans l'exercice de leurs fonctions, et sauf contre eux la demande en prise à partie, s'il y a lieu. » Il n'est pas douteux que ces mots *autorités constituées* n'embrassent les officiers de police judiciaire, les maires, les adjoints, les gardes champêtres; et, s'il n'est question dans cet article que de la dénonciation, c'est parce qu'il fait simplement l'application d'un principe général, mais une application générique, car elle a précisément pour objet le principal devoir de ces officiers.

La jurisprudence a eu raison de ne pas s'arrêter aux objections qu'on lui a soulevées : il serait souverainement injuste qu'un prévenu lésé par une poursuite mal fondée, et ne pouvant agir ni contre l'Etat, à raison du fait de ses agents, ni contre les membres du ministère public ou le juge d'instruction, pût poursuivre librement ceux qui occupent le dernier degré de la hiérarchie judiciaire.

A la rigueur, il y aurait place pour un système intermédiaire : en effet, il s'agit ici, sinon de l'exercice d'un droit, du moins de l'accomplissement d'un devoir, or en pareil cas, l'idée juridique de faute doit disparaître entièrement. Le maire et le garde champêtre n'encourraient aucune responsabilité à raison de *l'acte légitime de leurs fonctions* (1). Mais nous croyons que ce système serait insuffisant : il ne mettrait pas ces fonctionnaires à l'abri des poursuites rancunières et les laisserait à la merci des circonstances, car il n'est pas vrai de dire que, devant l'accomplissement d'un devoir, l'idée de faute doive invariablement s'évanouir.

Il faut donc que *l'acte légitime de la fonction* soit présumé, or cela n'est possible qu'avec la prise à partie. Les maires, leurs adjoints, les gardes champêtres ne pourront alors être poursuivis que s'ils se sont rendus coupables de dol, de fraude ou de concussion, et dans les cas qui seraient déterminés par la loi. « La prise à partie, dit M. Labbé, repose sur un principe, tout au moins sur une combinaison rationnelle d'idées juridiques. Elle a la même raison d'être à l'égard de tous ceux qui participent au mouvement de l'action publique. Tous également ont des devoirs

(1) Cassation, 15 décembre 1874. D. P. 76. 1. 299.

envers l'Etat, dont ils sont les mandataires directs ou substitués. Tous doivent être également défendus contre les attaques des tiers, quand ils ont agi dans le sens de leur mission ou de leurs instructions » (1).

Ce serait d'ailleurs une erreur de prétendre que le décret du 19 septembre 1870, en abrogeant « toutes les dispositions de lois générales ou spéciales ayant pour objet d'entraver les poursuites contre les fonctionnaires de tout ordre, » ait embrassé la prise à partie. Ce que supprime le décret, ce sont les entraves qui subordonnent à une autorisation les poursuites exercées contre les agents du gouvernement, à raison des faits relatifs à leurs fonctions. Or la prise à partie n'apporte aucune entrave de ce genre aux poursuites civiles exercées contre les magistrats : elle tend à restreindre leur responsabilité, et elle organise, pour la juger, une compétence spéciale, une juridiction d'un ordre plus élevé, dans le double but de donner aux justiciables une garantie contre l'impunité des magistrats et à ceux-ci une sécurité contre d'injustes attaques.

Le maire, son adjoint et le garde-champêtre sont donc garantis dans l'exercice de leurs fonctions d'officiers de police judiciaire par la prise à partie ; mais quel est le criterium de ces fonctions ? La question nous parait ne souffrir aucune difficulté pour le garde champêtre, qui est l'officier de police judiciaire par excellence ; mais elle est souvent délicate pour le maire dont l'intervention se manifeste dans une multitude de

(1) Cf. note de Sirey. 77. 1. 193. Cassat. 14 juin 1876 et les conclusions de M. Bédarrides, l'avocat général, Ibid. et D. P. 76. 1. 301. — Cassat. 4 mai 1880 D. P. 80. 1. 460, et 9 janvier 1882. D. P. 82. 1. 117. — Nancy, 25 janvier 1884 et D. P. 85. 2. 63.

cas, tous plus différents les uns que les autres. En général, il n'a cette qualité que si un crime, un délit, une contravention lui sont dénoncés ou se sont accomplis sous ses yeux. Ce n'est donc pas à ce titre qu'il est appelé à donner les renseignements qui lui sont demandés par un parquet sur le compte d'un inculpé quelconque; de même, le maire qui en dehors d'un crime ou d'un délit s'introduirait violemment, soit de sa propre initiative, soit sur la provocation d'un tiers, dans la propriété d'un habitant de sa commune ne pourrait exciper de ses fonctions d'officier de police judiciaire pour éviter la responsabilité qui lui incombe de ce fait (1).

Mais il faut renoncer à poser ici une règle invariable, car il s'agit d'une question de fait que les tribunaux seuls pourront résoudre, sans cependant qu'ils échappent à la censure de la Cour de cassation, si après avoir constaté souverainement le fait en lui même, ils en avaient faussement conclu que tel maire y avait usé de ses attributions d'officier de police judiciaire.

____

(1) Cassation, 27 juin 1881, D. P. 82. 1. 163. — Cf. encore cassation, 3, janvier 1882, D. P. 82. 1. 117. Bourges, 2 février 1881. D. P. 82. 2. 171.

TITRE II

Responsabilité des administrateurs
de la commune

CHAPITRE PREMIER

Principe de cette responsabilité

En droit l'acceptation des fonctions municipales constitue un mandat : il oblige celui qui le reçoit à apporter toute sa vigilance et tous ses soins à la gestion des intérêts qui lui sont confiés ; et la nature de son obligation ne change pas par ce qu'elle aurait pour objet des intérêts publics ; au contraire, il s'agit ici de sauvegarder des droits qui appartiennent à un être moral, assimilé par la loi à un mineur, c'est donc le cas de faire une plus entière application des règles du mandat. Sans doute ce mandat est électif, mais cette circonstance, loin d'altérer la responsabilité qui en découle, la rend encore plus étroite, car elle doit être la plus sûre garantie d'une administration attentive et sage.

C'est donc l'article 1992 qui est la base de la responsabilité du maire : « Le mandataire répond non seulement du dol, mais encore des fautes qu'il commet dans sa gestion. Néanmoins la responsabilité relative aux fautes est appliquée moins rigoureusement à celui dont le mandat est gratuit qu'à celui qui reçoit un salaire. » Cet article ne se justifie pas moins en droit administratif qu'en droit civil, mais là son application se heurte contre un autre principe fondamental, l'une des bases de la légistation moderne, le principe de la séparation des deux autorités administrative et judiciaire.

Proclamé par la loi des 16-24 août 1790 (tit. II, art. 13) ce principe se décomposait en deux points principaux :

1º Une règle d'incompétence : Défense à l'autorité judiciaire de troubler les opérations de l'autorité administrative, et de connaître des actes d'administration ; elle ne peut ni les annuler ou les réformer, ni les critiquer, ni même les interpréter ;

2º Une fin de non-recevoir : Défense de poursuivre ou de condamner un fonctionnaire de l'ordre administratif, à raison de ses fonctions, sans l'autorisation du gouvernement. Cette fin de non-recevoir n'existe plus.

Elle avait été réglementée par l'article 75 de la Constitution de l'an VIII : « Les agents du gouvernement, autres que les ministres, ne peuvent être poursuivis à raison de leurs fonctions qu'en vertu d'une autorisation préalable du Conseil d'Etat. Dans ce cas, la poursuite a lieu devant les tribunaux ordinaires. » C'est ce qu'on avait appelé la garantie administrative (1). Dépositaires d'une portion de l'autorité admi-

____

(1) Pour les officiers municipaux, cette garantie existait dep ui la loi du 14 décembre 1789. L'art. 61 de cette loi avait interdit ds

nistrative, agissant au nom du gouvernement ou sous sa direction, le maire, qu'il fût nommé par le pouvoir central ou élu par la commune, était un agent dans le sens de l'article 75 et protégé par cette garantie ; il faisait partie de la puissance publique. Par conséquent, dès que ces deux conditions étaient réunies : 1o qu'une poursuite était dirigée contre lui devant un tribunal judiciaire civil ou répressif (1); 2o que les faits occasionnant cette poursuite étaient relatifs à la fonction, ou que l'acte avait été accompli dans les limites de son exercice, — ce que le tribunal avait le droit et le devoir de contrôler ; — le maire pouvait exciper du défaut d'autorisation du Conseil d'Etat, même s'il avait agi en qualité de représentant de la commune. Seuls du reste, le maire et ses adjoints jouissaient de ce privilège ; - les conseillers municipaux n'avaient point le droit de s'en prévaloir. Ajoutons que le Conseil d'Etat refusait l'autorisation préalable toutes les fois que le maire ou l'adjoint n'avait fait que se conformer aux ordres de l'administration supérieure et d'après sa jurisprudence, il suffisait même que l'arrêté municipal

dénoncer aux tribunaux les « délits d'administration » qui leur étaient imputés, si cette dénonciation n'avait été préalablement autorisée par le directoire du département. Cette mesure dût être d'autant plus utile que, durant toute la période intermédiaire, les officiers municipaux furent traités avec une rigueur exagérée. Cela tenait sans doute à ce qu'en divisant la responsabilité, on risque de la faire disparaître ; or, cette loi même avait confié à un conseil ou collège l'action administrative dans la commune. Pour remédier aux dangers de ce système, le législateur se montra d'une sévérité excessive. Sous la Constitution de l'an VIII, on revint à la règle : « Délibérer est le fait de plusieurs, agir est le fait d'un seul ; et l'action administrative fut abandonnée à un seul agent, le maire, secondé par un ou plusieurs adjoints. »

(1) On pouvait cependant faire sans autorisation les actes d'instruction.

ou l'acte incriminé ait reçu l'approbation préfectorale ou ministérielle.(1).

L'article 75 de la Constitution de l'an VIII, regardé comme intimement lié au principe de la séparation des pouvoirs, avait survécu à la chute de plusieurs régimes. Malgré son utilité, l'un des premiers actes du gouvernement de la Défense nationale fut de le supprimer par le décret du 29 septembre 1870 ; et il le fit purement et simplement, sans limiter la responsabilité, ni déterminer des règles de procédure et de compétence pour la poursuite des agents responsables. L'article 1er déclare : « L'article 75 de la Constitution de l'an VIII est abrogé. — Sont également abrogées toutes autres dispositions des lois générales ou spéciales ayant pour objet d'entraver les poursuites dirigées contre les fonctionnaires de tout ordre. » De vives difficultés se sont élevées à propos de la portée qu'il fallait attribuer à cette disposition.

La Cour de cassation décida qu'elle avait eu cette conséquence de rendre les tribunaux judiciaires compétents pour apprécier et qualifier tous les actes imputés aux agents de l'administration, aussi bien à l'occasion d'une action civile, qu'à l'occasion d'une action publique : à ce point de vue, le décret aurait fait table rase du principe de la séparation des autori-

______

(1) Cf. Conseil d'Etat, 22 février 1821. — « Au lieu d'un texte de trois lignes, dit M. Ducrocq, il n'eût pas été trop d'une loi complète pour règlementer le principe de la garantie administrative, en déterminer d'une façon précise toutes les conditions d'application, en proscrire toute tentative d'emploi abusif, et par là prévenir ou empécher une partie des attaques dont il a été l'objet. » Cours de Droit administ. T. I, § 685.

tés administrative et judiciaire, et le droit commun devait reprendre son empire. Dans ce système, que la
Cour de cassation a depuis abandonné, l'autorité judiciaire, compétente avant le décret pour connaître des
actes imputés à un administrateur, dès que la poursuite
avait été autorisée par le Conseil d'Etat, l'était maintenant dans tous les cas, le décret ayant accordé une
fois pour toutes l'autorisation qu'il fallait autrefois
obtenir dans chaque cas particulier.

Mais le tribunal des conflits s'est opposé avec énergie
à cette extension de la compétence des tribunaux judiciaires. Il déclara et il déclare encore que si le décret
de 1870 avait bien supprimé la fin de non recevoir
résultant de la garantie administrative, il n'avait nullement attribué aux tribunaux le droit de connaître des
actes administratifs. En effet, comme le dit Blanche,
le défaut d'autorisation n'a jamais été autre chose
qu'une fin de non-recevoir, jamais il n'a eu d'influence
sur la compétence. Nous avons dit plus haut qu'outre
la défense de poursuivre les fonctionnaires sans l'autorisation préalable, la séparation des pouvoirs comprenait encore et surtout la défense faite à l'autorité
judiciaire de juger un acte administratif pour l'annuler,
le critiquer ou l'interpréter; or c'est une erreur de
croire que l'autorisation obtenue avait pour effet de
relever les tribunaux de cette incompétence : ils ne
pouvaient statuer que relativement aux faits personnels de l'administrateur poursuivi, et, malgré l'autorisation, le conflit n'en pouvait pas moins être élevé, si
la validité ou l'interprétation d'un acte administratif
était préjudiciellement discutée. Nous pensons que le
décret de 1870 a supprimé la fin de non-recevoir, mais

qu'il n'a point touché à la règle de l'incompétence (1).

Nous venons de poser le principe de la responsabilité des maires et adjoints en tant qu'administrateurs de la commune. Il faut maintenant en suivre l'application, en examinant à tour de rôle les actes administratifs, les actes de gestion, les actes délictueux.

Cette énumération ne comprend pas les actes réglementaires. Comme chefs d'une unité administrative, les maires ont, de concert avec le Président de la République et les préfets, le pouvoir de faire des règlements. « Un règlement, dit Aucoc, est un acte qui pose des règles d'une certaine généralité, applicables à l'avenir, obligatoires pour les citoyens (2). » Leur caractère propre est de compléter l'œuvre du pouvoir législatif. Les maires ont donc un pouvoir général de réglementation relativement à la police municipale ou rurale, et rendent à ce sujet des arrêtés permanents ou temporaires. Mais l'exercice de ce pouvoir ne donne lieu à aucun recours contentieux proprement dit; il n'entraîne pour le magistrat qui l'exerce aucune responsabilité civile. Ou bien le maire s'est conformé aux prescriptions de la loi, et n'a point dépassé les limites tracées à son pouvoir : alors l'acte est légal et valable, il faut nécessairement s'y soumettre ; ou bien le maire a excédé ses pouvoirs : dans ce cas, l'acte est illégal, il n'oblige personne (art. 471 § 15° du C. pén.), il est purement ct simplement nul, et le tribunal qui est requis d'en faire l'application a le droit de le déclarer.

---

(1) Cf. Blanche, Conclusions dans l'affaire Valentin. Cassation, 3 août 1874. S. 76. 1. 197, et la note dans Sirey. 75. 1. 201. — Labbé, note ibid. 76. 1. 193.

(2) Conférences sur le Droit administ., T. I, p. 98.

CHAPITRE II

Actes administratifs

On appelle acte administratif l'acte individuel ou spécial d'un fonctionnaire de l'ordre administratif, agissant dans l'exercice de ses fonctions et comme représentant de l'autorité publique.

A la différence de l'acte règlementaire, il a un caractère spécial et d'exécution. Par l'acte administratif, le maire pourvoit à quelque service d'utilité publique ; or il peut arriver que la mesure prise par lui porte atteinte à la propriété ou aux intérêts d'un particulier. En pareil cas, le maire doit être responsable et subir les conséquences de son acte, s'il a commis une faute. Mais la séparation des autorités administrative et judiciaire empêche la seconde de critiquer les actes de la première : quel que soit le fonctionnaire dont ils émanent, celle-ci s'est réservée à elle-même le droit de juger de leur validité, et, tant qu'elle ne les a pas annulés, ils ne donnent lieu à aucun recours contentieux. Seulement, l'application de cette règle, depuis que le décret de 1870 a abrogé la nécessité de l'autorisation préalable pour poursuivre un administrateur, amène toujours une difficulté. L'autorisation refusée, et le conseil d'Etat ne se faisait pas faute de le faire dès que la poursuite risquait de porter atteinte à un acte administratif, il y avait rarement à rechercher la compétence. Aujourd'hui, la question se pose dans tous les cas devant l'autorité judiciaire, et l'autorité administrative, si elle n'accepte pas son jugement, a le droit de prendre un arrêté de conflit : cet arrêté n'est point, en effet, une de ces entraves à la poursuite d'un administrateur que le décret de 1870 a eu pour objet de supprimer, car il n'a pas d'autre but que d'arriver à substituer un juge à un autre.

Qu'aura donc à faire le tribunal saisi d'une demande en dommages-intérêts dirigée contre un maire à l'occasion d'un acte administratif ?

Il devra vérifier qu'elle est la nature de cet acte, car, pour qu'il soit obligé de se déclarer incompétent, ou, tout au moins de surseoir jusqu'à ce que l'autorité administrative se soit prononcée, il faut que cet acte soit réellement administratif ; sinon, il pourra condamner le maire à des dommages-intérêts.

C'est la distinction posée par la doctrine entre le fait de la fonction et le fait personnel, distinction souvent subtile et délicate, et que M. Laferrière a énoncée en ces termes : « Si l'acte dommageable est impersonnel, s'il révèle un administrateur, un mandataire de l'Etat plus ou moins sujet à erreur et non l'homme avec ses faiblesses, ses passions, ses imprudences, l'acte reste administratif et ne peut être déféré aux tribunaux ; si au contraire la personnalité de l'agent se révèle par des fautes de droit commun, par une voie de fait, un dol, alors la faute est imputable au fonctionnaire, non à la fonction ; l'acte perd le caractère administratif et ne fait plus obstacle à la compétence judiciaire... La responsabilité civile ne s'ajoute à la responsabilité administrative que si l'irrégularité commise par le fonctionnaire constitue en même temps une faute lourde, excédant les risques ordinaires de la fonction ou si elle révèle une intention mauvaise : *Malitiis non est indulgendum* (1). »

Quel sera maintenant le criterium de la distinction ? à quel caractère reconnaîtra-t-on l'acte administratif, et à quel signe l'acte personnel ? Il est certain que ce caractère ne saurait dépendre d'une question de forme : on peut concevoir un arrêté municipal qui ne constituerait pas un acte administratif et inversement tous les actes d'administration du maire ne se traduisent pas par des arrêtés ; mais il n'a jamais été posé de criterium invariable : « Une formule mathématique, dit encore M. Laferrière, ne saurait rendre cette distinction. » La vérité, c'est qu'il serait assez difficile d'indiquer l'article de loi qui la consacre, ou sur lequel elle repose. Néanmoins, et si vague que paraisse ce système, il faut s'y rallier, autrement on risquerait de rendre impossible l'administration d'une commune.

Il est indispensable d'admettre que les actes d'administration discrétionnaire n'entraînent aucune responsabilité civile pour le maire, ou son adjoint, pourvu qu'ils aient été accomplis régulièrement, et dans le cercle de ses attributions, pourvu que, si on peut lui reprocher une fausse appréciation des faits il n'ait point commis un excès de pouvoir par dol. Partant de cette idée, il a été décidé que le maire avait pu refuser impunément à un cabaretier l'autorisation de garder son cabaret ouvert après l'heure habituelle

(1) Conclusions prises dans l'affaire Laumonnier-Carriol (Tribunal des conflits 5 mai 1877). Traité de la juridiction administrative. T. I. p. 594.

de sa fermeture, alors même qu'il avait accordé cette autorisation à plusieurs autres habitants (1). Il en serait de même de l'abstention d'accomplir un acte de la fonction, car cette abstention peut avoir les caractères de l'acte administratif et, quand elle a entraîné un préjudice pour un tiers, quand, bien que chargé de la police municipale et tenu de veiller à la sécurité des personnes et à la conservation des propriétés, le maire a négligé de prendre les mesures que cette obligation comporte, son abstention n'en sera pas moins à l'abri de tout recours contentieux, si elle ne constitue qu'une faute administrative (2).

Le maire a donc un pouvoir discrétionnaire, mais pouvoir discrétionnaire ne veut pas dire pouvoir arbitraire, et s'il y a eu faute lourde, dol ou voie de fait de sa part, il y a là un fait personnel, qui lui est imputable, et dont il est tenu de réparer les conséquences en vertu de l'article 1382 du Code civil. Le tribunal des conflits le reconnaît et admet pour l'autorité judiciaire le pouvoir d'apprécier les conséquences de ce fait (3). En effet, le caractère d'acte administratif n'appartient pas indifféremment à tous les actes émanés de l'autorité municipale qui, sans cela, jouirait d'une irresponsabilité absolue; il est même permis de dire

----

(1) Amiens 8 juillet 1878. D. P. 80. 2. 147. — Cf. Tribunal des conflits, 29 Décembre 1877, 13e espèce, D. P. 78. 3. 17.

(2) Cassation, 25 mars 1884. S. 84. 1. 263. — Paris, 18 juillet 1879. D. P. 81. 2. 200. Tribunal des conflits. 29 novembre 1879. D. P. 80. 3. 96. — Montpelier, 25 juin 1830. D. P. 80. 2. 244.

(3) La compétence des tribunaux judiciaires est, d'ailleurs, la seule dont il puisse être question, car aucune disposition de loi ne donne compétence à la juridiction administrative pour statuer sur une réclamation en indemnité à raison du préjudice causé par l'exécution d'un acte de l'autorité municipale.

que ce caractère s'évanouit par cela seul que l'acte est illégal.

Le maire, toutes les fois qu'il commet un abus de pouvoir est donc justiciable des tribunaux civils qui peuvent statuer sans surseoir. « L'acte administratif proprement dit est non celui que le fonctionnaire fait, mais celui que la loi l'autorise à faire; en dehors de cette faculté conférée par la loi, des prescriptions édictées pour la sûreté des personnes et des choses, il n'y a plus un acte administratif, mais un abus de la fonction, un fait personnel à l'agent qui le rend responsable dans les conditions ordinaires du droit commun; il importe d'autant plus de maintenir à l'acte administratif ce caractère que les fonctions publiques y trouvent leur dignité et les intérêts des citoyens leur sauvegarde (1). » La liberté individuelle, la propriété, les contrats sont placés par les principes fondamentaux du droit, sous la sauvegarde de l'autorité judiciaire, et si les actes administratifs échappent à sa compétence, c'est sous la restriction qu'elle aura toujours le pouvoir de faire respecter les droits des citoyens contre les atteintes qui ne rentreraient pas dans les pouvoirs légaux de l'administration.

En résumé, les tribunaux pourront statuer directement toutes les fois que la question de savoir si le maire a commis une faute personnelle sera résolue

______

(1) Dijon, 15 décembre 1876. D. P. 78. 2. 31. S. 77. 2. 53. — Même doctrine dans tribunal des conflits, 18 mars 1882. D. P. 83. 3. 83. — 15 décembre 1883. D. P. 85 3. 59. — 2 avril 1881. D. P. 82. 3. 74. — Cassat., 10 décembre 1879. D. P. 80. 1. 33. — Tribunal de Corbeil, 3 mai 1888. D. P. 89. 3. 40. Ce jugement va même jusqu'à déclarer le maire responsable de sa légèreté. — Tribunal de Châteaubriant, 13 janvier 1889. D. P. 90. 3. 23.

sans qu'il y ait lieu d'apprécier aucun acte administratif ; ils auront aussi le droit et le devoir d'examiner les
actes faits par les maires et adjoints pour déterminer
s'ils constituent réellement des actes administratifs.
Ils ne violeraient pas ainsi le principe de la séparation
des pouvoirs, mais, à cause de ce principe, toutes les
fois qu'il· y aurait doute sur le caractère et la nature
de l'acte, l'autorité judiciaire devrait surseoir et s'abstenir de statuer, parce qu'il y a là une question préjudicielle qui est de la compétence de l'autorité administrative.

Nous ferons encore une autre restriction : il ne faudrait pas croire que l'annulation d'un acte par l'autorité administrative autorise nécessairement, de plein
droit, l'application de l'article 1382 du Code civil par
les tribunaux judiciaires au profit de la personne à qui
cet acte aurait causé un préjudice. Un acte administratif peut être annulé pour excès de pouvoir, et le
maire qui en est l'auteur n'avoir commis qu'une faute
administrative ; seule, en effet, la faute lourde, le man-
quement à ses devoirs, doit engager la responsabilité
du fonctionnaire ou de l'administrateur. Il y a là une
nuance qui est peut-être délicate, mais qui se conçoit
parfaitement : l'abus de pouvoir ou d'autorité ne se
confond point avec le simple excès de pouvoir. Le
premier suppose la mauvaise foi et expose le maire
qui s'en est rendu coupable à l'application des articles
184 et 186 du Code pénal; l'annulation pour excès de
pouvoir, au contraire, s'applique à des erreurs excu-
sables et ne doit ouvrir aucun recours contre son
auteur, aussi bien en matière administrative qu'en
matière judiciaire, où l'annulation d'un jugement peut

être prononcée pour la même cause sans pour cela donner lieu à la prise à partie contre le juge qui l'a rendu (1).

Le plus grand reproche qui puisse être fait à ce système c'est de soulever dans son application d'assez grosses difficultés. Cela tient surtout, croyons-nous, à ce qu'il ne s'appuye sur aucun texte législatif, et que la jurisprudence, celle du tribunal des conflits principalement, le sacrifie parfois au gré des circonstances, si bien que ses arrêts forment plutôt une collection d'espèces qu'un véritable système juridique.

Aussi, serait-il à souhaiter que la responsabilité des maires, comme celles des fonctionnaires en général, fût soumise, quant aux actes administratifs proprement dits, à un régime un peu plus stable. Nous admettons que l'article 1382 du Code civil devrait être restreint en leur faveur par une disposition spéciale, comme il l'est déjà en faveur des magistrats de l'ordre judiciaire par la prise à partie ; sans cela, ils s'abstiendraient d'agir toutes les fois qu'il n'y aurait pas un texte formel de loi pour le leur ordonner, et quelles que soient les capacités d'un maire, il peut de très bonne foi sortir des limites qui ont été posées à ses pouvoirs. Mais ce n'est pas dire qu'il faille les garantir des conséquences de tous leurs actes indistinctement : un maire doit apporter une vigilance très attentive à l'exercice de ses fonctions, et s'il ne se croit pas capable de les occuper convenablement, il doit s'abstenir de les rechercher ou en décliner l'honneur. Aussi ne faudrait-il l'exonérer que de la faute qu'un bon admi-

---

(1) Cf. Laferrière, Traité de la juridiction administrative, T. I. p. 597.

nistrateur peut commettre. L'article 75 de la Constitution de l'an VIII permettait ce tempéramment, mais
il avait, comme la doctrine actuellement suivie, l'inconvénient de trop laisser de place à l'arbitraire. Il est
regrettable que, lors de la discussion de la loi municipale, une tentative n'ait point été faite pour trancher
cette importante difficulté.

CHAPITRE III

Actes de gestion

Les actes de gestion se rapportent directement à
l'idée de la personnalité civile des communes; ce sont
tous les actes qui sont passés en son nom et qui con-
cernent son patrimoine. Le plus souvent ils sont des
actes contractuels et ne se distinguent des contrats du
droit commun que par certaines conditions de formes
auxquelles le législateur les a soumis dans le but de
mieux garantir les intérêts communaux.

A cet égard, le maire est tenu de la même manière
et dans la même mesure qu'un mandataire ordinaire ;
il répond vis-à-vis de la commune et vis-à-vis des tiers
des fautes qu'il a commises dans sa gestion.

1° *Vis-à-vis de la commune.* — C'est ainsi qu'elle
aurait le droit de se faire indemniser des dépenses qui
ont été faites par le maire pour son compte et sans
qu'il y ait été régulièrement autorisé par le conseil
municipal, ainsi que des dommages qu'elle aurait
éprouvés dans ses biens ou ses propriétés par le fait ou
la négligence de son maire (1). Ce dernier est également
tenu de rembourser à la commune les sommes qu'elle
a été condamnée à payer à raison de la responsabilité
qui pèse sur elle en vertu de l'article 1384 § 3° du Code

(1) Cf. Dijon, 28 février 1873. D. P. 75. 5. 90. — Tribunal des conflits,
26 mars 1881. D. P. 82. 3. 58.

civil. Le conseil d'Etat a fait application de ce principe dans un cas où le maire, nonobstant le refus formel du conseil municipal, avait fait exécuter certains travaux, dont la commune avait été condamnée à payer le montant à l'entrepreneur (1). D'ailleurs tous les travaux publics communaux sont soumis à des dispositions contenues principalement dans l'ordonnance du 14 novembre 1837 ; ils doivent, par exemple, faire l'objet d'une adjudication publique, à moins qu'il ne s'agisse d'un des cas exceptionnels déterminés par cette ordonnance ; le maire qui ne se serait pas conformé à ces règles pourrait être déclaré responsable envers la commune, s'il en était résulté un préjudice pour elle.

2º *Vis-à-vis des tiers.* — Nous venons de voir que si le maire a fait exécuter irrégulièrement des travaux pour le compte de la commune, celle-ci a un recours contre lui lorsqu'elle a été condamnée ; mais rien n'oblige l'entrepreneur à recourir contre la commune, et il aurait une action directe contre le maire qui devrait supporter tout le poids de la condamnation (2).

Dans l'un et l'autre cas le tribunal qui la prononcera pourra tenir compte de ce que le mandat du maire est gratuit, conformément à l'article 1992 du Code civil. Comme il agit dans l'intérêt de la commune il ne faut pas user de rigueur à son égard ; par conséquent, si on suppose un acte de gestion accompli par lui sans l'autorisation du conseil municipal, alors

(1) Conseil d'Etat, 21 novembre 1879. D. P. 81. 3. 77.
(2) Conseil d'Etat, 8 décembre 1882. D. P. 84. 46. — 13 avril 1883. D. P. 84. 3. 116.

qu'elle était nécessaire, et si cet acte avait procuré une certaine utilité à la commune, il serait juste d'atténuer dans la même proportion la responsabilité personnelle du maire, pourvu qu'il s'agit ici d'une simple faute contractuelle, d'un défaut de vigilance dans l'accomplissement de son mandat ; car, s'il s'agissait d'un délit civil, ce serait l'article 1382 qu'il faudrait appliquer et non plus l'article 1992. L'obligation du maire pourrait avoir aussi pour cause un quasi-délit : il peut se trouver tenu à raison des actes commis par les employés dont il a la surveillance ; et la Cour d'appel de Paris a justement rendu un maire responsable des détournements commis par le secrétaire de mairie, parce qu'il y avait un défaut de vigilance qui lui était imputable (1).

En cette matière, la compétence est toujours celle des tribunaux civils, c'est-à-dire celle du droit commun : la Cour de Chambéry a manifestement confondu l'acte administratif, qui suppose toujours un acte de commandement, avec l'acte de gestion, lorsque, adoptant les motifs du tribunal de première instance, elle s'est déclarée incompétente pour statuer sur le mérite d'une demande en dommages-intérêts, dirigée contre un maire par la commune, et basée sur ce qu'il avait négligé d'exercer le droit de préemption stipulé dans une vente de terrains communaux (2). Elle avait le droit de débouter la commune si le maire n'avait commis aucune faute, mais non celui de se dessaisir de la question. En pareille matière, le tribunal peut entrer dans l'examen de la gestion et rechercher si

(1) Paris, 29 juin 1886. Rev. génér. d'admin. 1886. III. 194.
(2) Chambéry, 20 juin 1873. D. P. 74. 2. 47.

le maire a bien ou mal servi les intérêts de la commune ; juge de l'action, il est aussi juge de l'exception,
et si on lui oppose que l'acte incriminé est administratif, il peut déclarer qu'il est injustement qualifié,
autrement, il suffirait à un maire pour rendre l'autorité judiciaire incompétente sur un contrat de pur
droit civil, passé par lui au nom de sa commune, de
qualifier son acte d'administratif. Seulement, si l'autorité administrative se croit, atteinte par le jugement,
elle aurait le droit, par l'organe du préfet de prendre
un arrêté de conflit et de soumettre le différend au
tribunal des conflits.

Nous avons déjà rencontré plusieurs fois l'article 4
de la loi de pluviôse an VIII ; nous nous contenterons
de le mentionner ici de nouveau, comme étant susceptible d'apporter une importante exception à la compétence des tribunaux judiciaires, si l'action dirigée
contre le maire, soit par la commune elle-même, soit
par un entrepreneur, rentrait dans le contentieux
des travaux publics. Elle serait alors déférée au
conseil de préfecture, pourvu que cette responsabilité
soit une conséquence directe des travaux publics : il
ne suffirait pas que ceux-ci en aient été l'occasion.
Ainsi nous admettrons que si des sommes étaient reconnues avoir été mandatées par le maire et payées
par la caisse municipale, sans que les dépenses aient
été votées par le conseil municipal ou inscrites d'office,
la contestation élevée entre la commune et le maire
pour le recouvrement de ces sommes devrait être portée devant l'autorité judiciaire, quand même ces sommes auraient été dépensées dans des travaux publics.

CHAPITRE IV

Actes délictueux

Si le fait imputé aux fonctionnaires municipaux constitue un crime, un délit ou une contravention, il est clair qu'il ne saurait pas avoir le caractère d'acte administratif.

Néanmoins, sous l'empire de l'article 75 de la constitution de l'an VIII, cette hypothèse exigeait encore l'autorisation préalable. En effet, les termes de ce texte étaient des plus généraux et ne permettaient point de faire une distinction sur ce point. Aujourd'hui, l'auteur de l'infraction peut être poursuivi directement devant l'autorité judiciaire qui pourra en être saisie immédiatement, même dans le cas où l'agent prétendrait que le fait, à lui imputé, est un acte de sa fonction, car il n'appartient qu'aux tribunaux judiciaires de connaître de l'action publique et de l'action civile nées d'une infraction à une loi pénale.

Par conséquent, si un maire venait à commettre le crime de forfaiture ou l'un des autres délits prévus par les articles 166 à 198 du Code pénal, si, par exemple, il se laissait corrompre, ou s'il se rendait coupable d'un abus d'autorité contre les particuliers ou la chose publique, le ministère public et la partie lésée pourraient le poursuivre conformément au droit commun. Ce point là n'a jamais soulevé l'ombre d'une difficulté.

Il n'en est plus de même si l'acte délictueux a été commis à l'occasion d'un acte administratif proprement dit. En vertu du principe de la séparation des pouvoirs, ce dernier, même s'il est entaché d'excès de pouvoir, échappe à la connaissance des tribunaux judiciaires, or le Conseil d'Etat, statuant comme juge des conflits, a décidé qu'il fallait rendre l'acte délictueux solidaire de l'acte administratif proprement dit, et qu'il n'appartenait qu'à l'autorité administrative de connaître une poursuite dirigée contre un maire à raison de ce délit (1).

Tel qu'il fut interprété par le tribunal des conflits, le décret de 1870 ne dérogeait point à ce système ; car s'il avait supprimé la nécessité de l'autorisation préalable pour la poursuite des fonctionnaires, il n'avait point augmenté la compétence de l'autorité judiciaire. Cependant un revirement se fit dans la jurisprudence : la commission provisoire, chargée de remplacer le Conseil d'Etat, et le tribunal des conflits après elle, renoncèrent à l'ancienne doctrine, qui exagérait à l'évidence la portée du principe de la séparation des autorités. Aujourd'hui, la compétence des tribunaux judiciaires pour les délits commis par les fonctionnaires municipaux, même à l'occasion d'un acte administratif, semble définitivement reconnue : « Si l'article 60 du décret du 14 décembre 1789, dit l'arrêté de conflit du 22 mars 1884, a réservé à l'autorité administrative la connaissance des réclamations des citoyens tendant à faire annuler l'acte d'un corps municipal par lequel ils se croient lésés, cet article ne porte aucune atteinte au

(1) Cf. Conseil d'Etat, 17 août 1866 et 25 mai 1870.

droit de poursuivre devant la police correctionnelle les délits prévus par la loi pénale » (1).

La question s'est presque toujours posée à propos d'imputations diffamatoires, proférées par un maire dans un acte administratif. Si la cause ou les motifs d'un arrêté sont aussi inséparables de son objet que les considérants le sont d'un jugement, le pouvoir administratif du maire ne lui donne point le droit de diffamer ses administrés. Ainsi quand le maire veut nommer un employé de la commune, il a le droit et le devoir de motiver l'arrêté qu'il va prendre, mais il ne doit y mettre que ce qui se rapporte immédiatement à son objet, c'est-à-dire ce qui est indispensable. S'il y ajoute des imputations calomnieuses sur le compte du prédécesseur, il ne pourrait pas se retrancher derrière le caractère administratif de cet arrêté pour échapper à la responsabilité qui lui incombe de ce chef.

D'ailleurs, si les faits évoqués par le maire sont faux et qu'il ne l'ignore pas, il y a dol de sa part, l'acte entier constitue un fait personnel, il y a plus qu'un simple excès de pouvoir. A l'inverse, le dispositif peut être inattaquable, alors il constitue seul l'acte administratif, les considérants diffamatoires peuvent être isolés et l'on n'a plus à juger qu'un délit commis à l'occasion d'un acte administratif.

Si telle est bien la vraie doctrine, la Cour de Bourges a dénié sa compétence dans son arrêt du 10 février 1879 (2), rendu à propos d'un rapport adressé par le

(1) Cf. Arrêts de la commission provisoire du 7 mai 1871. — Tribunal des conflits du 28 décembre 1878. D. P. 79. 3. 56, et 22 mars 1884. D. P. 85. 3. 118. — Cassation, 19 mars 1885. D. P. 85. 1. 426. — Montpellier, 3 juillet 1886. Rev. génér. d'adm. 1886. III. 314.
(2) D. P. 79. 2. 165.

maire au préfet pour signaler les mauvais services d'un préposé de l'octroi. Par cet arrêt, la Cour s'était déclarée incompétente, sous prétexte qu'il s'agissait d'un acte administratif. Est-ce à dire qu'elle devait nécessairement condamner le maire ? Pas le moins du monde, car il accomplissait ici une obligation qui résultait pour lui de l'article 1992 du Code civil, en évitant la responsabilité qui n'eût pas manqué de peser sur la commune, en même temps que sur lui-même, si, connaissant les détournements commis par le préposé, il n'en avait pas rendu compte à l'autorité supérieure. C'était donc une raison de plus pour que la Cour de Bourges se déclarât compétente, mais elle n'avait à le condamner que si les imputations avait été fausses, injurieuses ou diffamatoires (1).

Des délits de diffamation et d'outrage sont assez souvent commis au cours d'une délibération du conseil municipal (2) ; et, en pareil cas, la responsabilité du maire est susceptible de se trouver engagée. Cela est évident, quand il est lui-même l'auteur principal et direct de ces délits, mais ce qu'il est intéressant de remarquer, c'est que s'ils ont eu pour auteur un conseiller municipal, le maire est exposé, en quelque sorte par ses fonctions elles-mêmes, à en supporter les conséquences s'il ne prend pas des mesures pour les empêcher de se produire. Cela ressortira en distinguant trois hypothèses :

1º Les expressions outrageantes ou injurieuses, l'allé-

---

(1) Cf. Pierre Lacanal, de la responsabilité des fonctionnaires. Rev. génér. d'admin. 1884. I, p. 47.

(2) Cf. Sanlaville, du délit de diffamation commis par les conseils municipaux. Rev. génér. d'admin. Janvier 1888.

gation du fait qui a porté atteinte à l'honneur ou à la considération d'une personne ou d'un corps constitué, ont été proférées en séance publique (1). Le maire, qui préside le conseil municipal et a la police de l'assemblée, a le devoir de les empêcher ; néanmoins nous admettons ici que sa responsabilité ne sera engagée, que s'il a signé le procès-verbal dans lequel ont été insérés les propos ; autrement, celui-là seul qui les aura proférés devrait être poursuivi.

2o Les propos diffamatoires ou injurieux ont été reproduits sur le registre des délibérations déposé au secrétariat de la mairie où tous les citoyens peuvent venir le consulter et en prendre connaissance (article 58) : la responsabilité du maire serait alors engagée de plein droit, comme elle le serait par tout autre mode de publication qui émanerait officiellement de la municipalité.

3o Les mêmes propos ont été transcrits dans le compte-rendu affiché par extrait à la mairie en vertu de l'article 56 ; ici encore le maire serait de plein droit responsable du dommage qui pourra en résulter car cet affichage, de même que le dépôt du registre, est censé se faire sous son contrôle (2).

La responsabilité du maire tient donc à la part qu'il prend dans la publicité des propos diffamatoires, publicité qui est une condition essentielle du délit. D'où il suit qu'aucune diffamation, et partant aucune responsabilité, ne sortira d'une délibération à huis-clos,

(1) La publicité du lieu où le délit a été commis est la seule condition requise par la loi ; il sera donc inutile de prouver qu'il y avait un public dans la salle : la possibilité d'entendre les paroles incriminées suffit.

(2) Cf. Morgand. Loi municipale, T. Ier, p. 299.

à moins qu'elle n'ait été reproduite sur le registre ou publiée dans le compte-rendu affiché (1).

Le tribunal des conflits n'hésite pas à reconnaître la compétence de l'autorité judiciaire toutes les fois qu'il s'agit de poursuites dirigées contre un maire à raison de propos diffamatoires proférés dans une séance du conseil municipal. Sans doute sa situation sera un motif suffisant pour les juges de ne pas se contenter de simples présomptions pour croire à sa mauvaise foi ou à son intention de nuire, sinon ils risqueraient d'entraver la gestion des intérêts communaux ; mais admettre que la diffamation, commise au cours d'une délibération échappe à leur compétence, c'est créer au profit des membres des assemblées municipales le même privilège qui a été établi en faveur des députés et des sénateurs. Il ne faut pas oublier d'ailleurs que sur la demande de trois de ses membres ou du maire, le conseil doit se former en comité secret ; c'est à lui d'user de cette faculté toutes les fois que la discussion en séance publique est de nature à nuire à l'honneur et à la considération des tiers.

Ajoutons, pour en finir avec cette question, que la poursuite intentée par la partie offensée ou diffamée devant les tribunaux n'apporte évidemment aucun obstacle à son droit de recours devant l'autorité administrative, pour obtenir l'annulation de l'arrêté ou de la délibération qui lui a causé ce préjudice.

(1) La Cour de Toulouse a rendu sur ce point un arrêt intéressant qui annule la décision d'un conseil de l'ordre infligeant trois mois de suspension à un avocat pour avoir tenu dans une séance à huis-clos du conseil municipal des propos injurieux à l'égard d'un magistrat (15 janvier 1889). Rev. génér. d'admin.. 1889. I. 332.

TITRE III

De la responsabilité des comptables municipaux

Deux agents, avec des attributions très différentes, concourent chacun de leur côté aux opérations multiples de la comptabilité communale :

1° L'ordonnateur, qui est le maire, et qui décide l'emploi des deniers de la commune pour un service déterminé ; mais sans avoir le maniment des fonds ;

2° Le comptable, seul chargé de percevoir ou d'encaisser les deniers, et d'effectuer les paîments prescrits par le maire.

Le maire dans ses fonctions d'ordonnateur est un administrateur ; ses actes ne donnent lieu qu'à un contrôle administratif, et non pas à des décisions contentieuses ; ils échappent à la compétence des juridictions financières dont le contrôle est ici purement moral, et se borne à des avis ou déclarations portant sur la conformité des opérations du maire avec le budget et avec les comptes présentés par le receveur municipal.

Mais il peut arriver que le maire se soit écarté du rôle qui lui est assigné par la loi et que malgré ses prescriptions, il se soit ingéré dans le maniment des deniers communaux, usurpant les attributions réservées au comptable. Il devient alors comptable de fait ou occulte, et il encourt de ce chef une responsabilité grave. Nous aurons à en exposer les conséquences, après avoir esquissé rapidement la responsabilité du comptable régulier. Ces questions sont du ressort des juridictions financières, le conseil de préfecture et la cour des comptes, aussi nous réservons pour un chapître spécial l'examen succinct de la compétence, de la procédure et des voies de recours.

CHAPITRE PREMIER.

Responsabilité du receveur municipal

L'article 153 de la loi municipale dispose : « Les recettes et les dépenses communales s'effectuent par un comptable, chargé seul et sous sa responsabilité de poursuivre la rentrée de tous revenus de la commune et de toutes sommes qui lui seraient dues, ainsi que d'acquitter les dépenses ordonnancées par le maire jusqu'à concurrence des crédits régulièrement accordés. »

Les fonctions de ce comptable sont exercées en principe par le percepteur des contributions directes, mais si les revenus ordinaires de la commune dépassent 30,000 francs et que le conseil municipal en fait la demande, elles peuvent être attribuées à un receveur municipal spécial. Dans ce cas, le comptable est nommé par le préfet dans les communes dont les revenus ne dépassent pas 300,000 francs, et par le Président de la République, sur la proposition du ministre des finances dans les autres. Le conseil municipal doit présenter une liste de trois noms, qui peuvent être refusés, et s'ils le sont, il doit faire de nouvelles présentations, sinon la recette resterait de droit confiée au percepteur des contributions directes, à qui la recette municipale est toujours immédiatement remise en cas de vacance.

Ce comptable est seul chargé du recouvrement de toutes les recettes, et de la perception de tous les revenus, perception qui se fait ordinairement sur les états dressés par le maire et visés par le préfet ou le sous-préfet ; cependant si la créance est constatée par un titre exécutoire, l'acte même suffi. Lui seul est également chargé de payer toutes les dépenses sur les mandats régulièrement ordonnancés et délivrés par le maire ou, sur son refus, par le préfet (article 152).

Par exception, certains revenus ou certaines perceptions n'arrivent dans la caisse municipale que par l'intermédiaire d'agents spéciaux : c'est le cas des droits d'octroi, des taxes de péage ou de place, des produits et revenus d'un établissement communal de bains de mer ou d'eaux minérales ; de même, ce sont les employés de la mairie qui reçoivent les produits des actes de l'état-civil. Le receveur municipal serait responsable de ces divers agents, en vertu de l'article 153 précité, et non pas en vertu de l'article 1384 du Code civil. Mais encore faudrait-il pour cela qu'ils soient soumis directement à son contrôle et à sa surveillance : il peut arriver, en effet, que les règlements municipaux attribuent à ces agents non-seulement la perception des produits, mais encore le paîment d'une partie déterminée des frais de régie ou d'exploitation, et ne les obligent à verser que l'excédant des recettes à la caisse du receveur : celui-ci n'est plus alors qu'un « simple agent de centralisation matérielle, » tandis que ceux-là deviennent des comptables extra-réglementaires, et la responsabilité est déplacée (1).

(1) Cf. Cour des comptes, 28 avril 1869. D. J. G. S. V° commune, § 439.

L'article 518 du décret du 31 mai 1862, qui énumère les obligations du receveur municipal donne en même temps une mesure de sa responsabilité : « Il est tenu de faire sous sa responsabilité personnelle, toutes les diligences nécessaires pour la perception des revenus, legs et donations, et autres ressources affectées au service des communes ; de faire faire contre les débiteurs en retard de payer, et à la requête des maires, les exploits, significations, poursuites et commandements nécessaires ; d'avertir les administrateurs de l'expiration des baux ; d'empêcher les prescriptions, de veiller à la conservation des domaines, des droits, privilèges et hypothèques, de requérir, à cet effet, l'inscription au bureau des hypothèques de tous titres qui en sont susceptibles, enfin de tenir registre de ces inscriptions et autres poursuites et diligences. »

Si longue que soit cette énumération, elle n'est point limitative, car elle omet de signaler l'existence d'une comptabilité occulte : quand elle est connue du receveur municipal, elle est l'occasion pour lui d'une lourde responsabilité. En effet, il doit déclarer que les dépenses contenues dans ses comptes de gestion ont été faites pour le service et qu'il n'en existe aucune autre. C'est donc un devoir pour lui de signaler au plus tôt toute irrégularité qu'il aurait découverte dans le maniment des deniers communaux ; il répond aussi des sommes qu'il a laissées sciemment toucher par un comptable irrégulier (1), en se rendant complice de ses actes. Lui seul a qualité pour percevoir même les revenus qui ne figurent pas au budget ; et, s'il apprend que des deniers

(1) Loi du 19 ventôse an XII.

communaux sont entre les mains du maire, il doit
veiller à les faire rentrer dans la caisse municipale; il
doit tout, au moins, pour dégager sa responsabilité,
porter les irrégularités commises à la connaissance du
receveur des finances ou du sous-préfet.

Chaque année, les receveurs municipaux doivent
faire apurer leur compte de gestion, qui est clos le
31 mars de la seconde année de l'exercice (art. 488 du
décret du 31 mai 1862).Après avoir été préalablement
vérifié et certifié exact dans son résultat par le receveur
des finances, ce compte est soumis, dans la session
ordinaire du mois de mai au conseil municipal qui le
débat et l'arrête, sauf règlement définitif par le conseil
de préfecture ou la Cour des Comptes, suivant l'importance des revenus de la commune.

Faute d'avoir présenté leurs comptes dans les délais
fixés par les règlements, les comptables peuvent être
condamnés par l'autorité qui les juge à une amende
déterminée d'après les mois de retard et attribuée à la
commune que concerne le compte.

Indépendamment de l'obligation de faire apurer
leurs comptes, les receveurs des communes sont soumis à un étroit contrôle. Aux termes de l'article 158
de la loi du 5 avril 1884, qui maintient le régime établi
par celle du 18 juillet 1837 (art. 68), les receveurs municipaux spéciaux sont placés sous la surveillance du
receveur des finances, et les percepteurs des contributions directes sous la responsabilité de ces mêmes
fonctionnaires. L'article 158 renvoie à des règlements
d'administration publique pour la mise en œuvre de
cette surveillance et de cette responsabilité, ainsi que
pour régler la responsabilité des receveurs municipaux

eux-mêmes. Mais il n'existe encore à ce point de vue que l'ordonnance du 17 septembre 1837, dont les dispositions ont été reproduites, développées ou même modifiées par le décret du 31 mai 1862 et l'instruction générale des finances du 20 juin 1859.

La surveillance du receveur des finances s'exerce à la fois sur la caisse et sur les écritures, ou, d'une manière générale sur toutes les parties du service. Mais son pouvoir s'arrête avec la comptabilité; relativement à la partie administrative du service, il peut seulement proposer les mesures dont il reconnaîtrait l'opportunité ou la nécessité. Cette mission du receveur des finances ne fait du reste aucun échec au pouvoir du maire qui a personnellement le droit de surveiller les divers détails de la gestion de son comptable. Les inspecteurs des finances ont aussi le droit de vérifier les livres et la caisse des receveurs municipaux et de les suspendre en cas de déficit; cette mesure serait aussitôt portée à la connaissance de l'autorité administrative et du receveur des finances. Quant à ce dernier, il peut provoquer leur suspension et leur remplacement par un receveur provisoire, ou bien se contenter de placer près d'eux un agent spécial.

Le déficit ou le débet sont constatés soit par des vérifications de caisse, soit par des arrêtés d'apurement de compte.

En pareil cas, s'agit-il d'un receveur municipal spécial, la commune a un recours, d'après l'article 546 du décret de 1862 sur le cautionnement, la personne et les biens du comptable débiteur. A cette époque là, celui-ci était exposé à la contrainte par corps, aujourd'hui abolie; mais ses immeubles sont toujours grevés d'une hypothèque légale qui doit être inscrite à la requête du maire : ces biens seraient poursuivis conformément au droit commun. Quant à l'application du cautionnement au remboursement du débet, il doit être autorisé par le ministre des finances sur la demande du receveur général, et sur le vu du procès-verbal de vérification ou de la décision contentieuse qui déclare le comptable en déficit.

La commune créancière n'a de recours contre le receveur des finances que si la comptabilité communale est tenue par un percepteur des contributions directes, parce que celui-ci est placé sous sa responsabilité (art. 545 du décret); le receveur des finances est alors obligé de solder immédiatement le montant du déficit sur ses biens personnels, et ce paîment le subroge aux droits de la commune. Néanmoins, si le déficit provenait de force majeure, d'un vol, par exemple, ou de circonstances indépendantes de sa surveillance, il pourrait obtenir la décharge de sa responsabilité et le remboursement, en capital et intérêts, des sommes dont il a fait l'avance. Le ministre des finances prononce sur ces demandes en décharge de responsabilité, après avoir pris l'avis du ministre de l'intérieur et celui de la section des finances du Conseil d'Etat, sauf appel au Conseil d'Etat, jugeant au contentieux.

Pour assurer la surveillance du receveur des finances, et rendre son contrôle plus efficace, tous les titres de recettes, quels qu'ils soient, sont transmis aux receveurs municipaux par son intermédiaire.

CHAPITRE II

Responsabilité du maire en qualité de comptable occulte

« Toute personne, dit l'article 155 de la loi du 5 avril 1884, autre que le receveur municipal, qui, sans autorisation légale, se serait ingérée dans le maniment des deniers de la commune sera par ce seul fait constituée comptable, et pourra, en outre, être poursuivie, en vertu du Code pénal, comme s'étant immiscée sans titre dans des fonctions publiques (1). » Cette disposition qui reproduit littéralement l'article 64 de la loi du 18 juillet 1837, n'est que l'application à la comptabilité des deniers de la commune d'un principe général relatif au maniment de tous les deniers publics (article 25 du décret du 31 mai 1862). Cette immixtion sans autorisation légale constitue ce qu'on appelle dans la pratique la comptabilité extra-réglementaire ou occulte. Il n'est pourtant pas nécessaire que cette comptabilité irrégulière ait été tenue secrète ; ce nom générique lui a été donné parce que ceux qui se livrent à ces opérations, n'ont d'autre but que de se dérober aux règles ordinaires de la comptabilité publique.

Dans une commune, la comptabilité publique apparait le plus souvent sous la forme d'une caisse particu-

(1) Cf. De Swarte, Traité de la comptabilité occulte

lière que le maire se constitue au moyen de ressources
secrètes, ou bien elle vient de ce que par des mandats
fictifs il se procure des fonds qu'il veut affecter à des
dépenses sans crédit ; mais il est indispensable que
ces mandats fictifs aient été accompagnés ou suivis
d'un maniment de fonds, ou tout au moins que le
maire en ait eu à sa disposition, autrement le mandat
fictif ne constituerait qu'un acte purement administratif qui échapperait à la connaissance de la juridiction
financière (1). D'ailleurs, ces aspects que nous venons
d'indiquer ne sont pas les seuls, et l'intervention du
maire, dans le maniment des fonds communaux, revêt
des formes très variées avec des degrés de gravité différents.

Cette intervention, l'article 155 la prohibe formellement et y attache une double sanction :

1º Une sanction pénale, parce que le maire, en s'ingé-
rant dans la comptabilité, s'est immiscé sans titre dans
des fonctions qui n'étaient point les siennes, or ce fait
est prévu par l'article 258 du Code pénal, et puni d'un
emprisonnement de deux à cinq ans, sans préjudice
de la peine du faux, si l'acte en porte les éléments.
Ainsi le fait par un maire d'avoir délivré des mandats
fictifs à des fournisseurs qui ont consenti à les quittan-
cer et à lui en remettre le montant intégral ou partiel
pourra occasionner, si les circonstances le permettent
des poursuites pour crime de faux, de détournements
de deniers publics, ou d'escroqueries. Mais aucune de
ces infractions n'appartient à la classe des délits inten-
tionnels, aussi le maire n'encourrait les peines qui y

____

(1) Cf. Laferrière, Traité de la juridiction administrat., T. I. p. 355.

sont attachées que si sa mauvaise foi ou son intention coupable était démontrée.

2o Une sanction pécuniaire : par le maniment des deniers communaux le maire se constitue comptable de fait, et, en cette qualité, il est soumis aux mêmes juridictions, et à la même responsabilité que le comptable régulier. Il s'oblige à justifier de l'emploi des sommes qu'il a perçues, et la loi du 28 pluviôse an VIII lui impose même pour cela un délai, passé lequel ses biens sont placés sous séquestre. Du reste ses immeubles sont immédiatement frappés d'une hypothèque légale, qui sera inscrite à la diligence du receveur municipal. Avant la loi du 22 juillet 1867, il était exposé à la contrainte par corps, il ne le serait plus aujourd'hui qu'après une poursuite criminelle ou correctionnelle.

Cette responsabilité du comptable occulte s'atténue en ce qu'il est permis à la juridiction appelée à la mesurer, de prendre en considération sa bonne foi ou son ignorance des règles de la comptabilité publique, en un mot de suppléer par des considérations d'équité à l'insuffisance des justifications produites. Mais en cas de décès, les héritiers du comptable peuvent être recherchés et mis en demeure de fournir le compte de gestion aux lieu et place de leur auteur devant la juridiction compétente, et il est admis que ces héritiers pourraient encore être inquiétés même après trente ans.

Une question qui a été parfois délicate, est celle de savoir ce qu'il faut comprendre dans l'expression *deniers communaux* de l'article 155 de la loi municipale.

On doit d'abord considérer comme tels, cela est de toute évidence, les fonds provenant de la caisse municipale ou détournés de cette caisse ; c'est-à-dire tous ceux qui sont destinés aux divers services communaux, par exemple, les fonds de souscription pour la construction des chemins vicinaux ou d'une église. A l'inverse, la Cour des comptes n'a point vu de comptabilité occulte dans le fait de percevoir certaines taxes en l'absence de tarifs légaux ou régulièrement approuvés (18 juin 1878). De pareils versements, en effet, ne peuvent valablement entrer dans la caisse municipale, et doivent par conséquent être traités comme des dépôts volontaires.

Mais la comptabilité publique n'embrasse pas seulement le maniement des deniers ; elle comprend encore, d'après l'article 23 du décret de 1862, celui des valeurs en caisse et en portefeuille. Le sens de ces dernières expressions a soulevé en matière de comptabilité occulte un conflit entre le Conseil d'Etat et la Cour des comptes. L'arrêt de celle-ci limitait l'assimilation des valeurs en portefeuille aux deniers, aux billets de banque, bons fiduciaires et autres effets au porteur tenant lieu de numéraire et admis dans les caisses publiques, car leur valeur est toujours invariablement déterminée à l'avance. Il écartait les obligations et rentes sur l'Etat, parce que, au lieu d'être des choses fongibles comme les premières, ces valeurs sont des corps certains, qui font l'objet d'un marché spécial et dont le prix varie suivant les lois de l'offre et de la demande. Mais, sur le recours du ministre des finances, le Conseil d'Etat a déclaré que la Cour des comptes avait méconnu sa compétence, et il a jugé qu'il fallait faire rentrer ce genre de titres parmi les valeurs en portefeuille dont parle l'article 23, parce qu'ils sont transmissibles par simple tradition et réalisables immédiatement en argent au préjudice de la commune. En conséquence le maniment de ces valeurs par un maire ou un ordonnateur suffirait pour le constituer comptable de fait (1).

La séparation absolue entre les fonctions d'ordonnateur et celles de receveur ou de payeur est un principe fondamental de l'administration; son utilité est incontestable : il est une garantie d'ordre et de contrôle dans la comptabilité publique. Néanmoins, et malgré les dangers auxquels cela les expose, une multitude de maires font de la comptabilité occulte, et l'autorité préfectorale ne cesse pas de leur rappeler la prohibition qui leur en est faite par la loi (2). Quelquefois ils veulent s'assurer une masse noire, afin de pouvoir y puiser sans contrôle de véritables fonds secrets; mais le plus souvent c'est l'ignorance des lois et des règlements, peut-être aussi l'excès de zèle, qui sont les causes principales de ces gestions occultes; il est très rare qu'elles ne soient pas accomplies de très bonne foi, et qu'on ait à reprocher à leur auteur une intention de malversation ou des actes frauduleux.

Ces gestions occultes sont toujours dangereuses,

(1) Affaire Chasteau. Cour des comptes, 26 février 1879 et Conseil d'Etat, 5 mai 1882. D. P. 83. 3. 107.

(2) Cf. Circulaire du préfet des Basses-Alpes, M. Danican Philidor, dans la Revue générale d'administration, 1883, I, 247. — Cf. sur les mandats signés en blanc par les maires et remis aux receveurs municipaux, la circulaire du ministre de l'intérieur, datée du 23 juin 1873, pour inviter les préfets à rappeler les maires à la stricte observation des règles de la comptabilité et leur faire comprendre qu'en s'en écartant ils engagent leur responsabilité. Ibid. 1879, III, 242.

mais ce qui contribue à les rendre davantage, c'est qu'elles remontent souvent à de longues années : elles restent ordinairement ignorées tant qu'un changement dans la municipalité ne vient pas les révèler, et alors elles deviennent impossibles à démêler.

Il ne faudrait pas conclure, de ce que nous n'avons parlé que des maires, que la comptabilité occulte soit leur monopole : la responsabilité dont elle est l'occasion pour eux, peut être partagée par leurs auxiliaires, les secrétaires de mairie notamment, ou même par de simples contribuables (1). Si nous nous sommes ainsi borné, c'est que notre étude se restreint à la responsabilité des fonctionnaires municipaux, et que le fait de s'immiscer dans des fonctions publiques ne confère pas *de plano* cette qualité. Au surplus, les conséquences seraient les mêmes. Seulement elles peuvent rejaillir sur le maire, non pas que cela suffise pour le constituer comptable de fait, mais cette circonstance peut avoir pour cause un défaut de vigilance qui engagerait sa responsabilité vis-à-vis de la commune, en vertu de l'article 1382 du Code civil. L'examen de cette question serait de la compétence des tribunaux judiciaires.

---

(1) L'arrêt de la Cour des Comptes, dans l'affaire Chasteau, décide encore que l'agent chargé d'opérations de comptabilité pour une ville, s'il a été nommé irrégulièrement, par arrêté du préfet quand il devait l'être par décret, ne doit pas être considéré comme un comptable régulier, mais comme un comptable de fait.

CHAPITRE III

Compétence — Procédure — Voies de recours

SECTION PREMIÈRE

Compétence

Les règles relatives à la compétence des juridictions appelées à examiner les comptes des communes sont les mêmes pour la comptabilité du receveur municipal et pour la comptabilité occulte ou irrégulière. Cette compétence est déterminée, non pas d'après l'importance des sommes perçues par le comptable, mais d'après celle des revenus ordinaires de la commune. S'ils n'excèdent pas 30,000 francs, les comptes sont apurés par le conseil de préfecture, sauf recours devant la Cour des comptes; ils sont définitivement réglés par cette dernière pour les communes dont le revenu est supérieur. Le montant des revenus se calcule sur celui des trois dernières années, c'est-à-dire sur trois années antérieures, qui doivent être successives et correspondre aux trois derniers comptes jugés (Loi municipale, art. 157).

La loi de 1884, en prenant pour base de la compétence les revenus ordinaires de la commune a simple-

.ment consacré le système invariablement suivi par la Cour des comptes. En effet, celle-ci s'attachait aux seuls revenus qui avaient un caractère permanent ; elle n'y faisait même entrer le produit des centimes perçus pour insuffisance de ressources, que s'ils étaient destinés à l'acquit de dépenses obligatoires ou au moins annuelles. Enfin une circulaire du ministre de l'intérieur, du 12 mai 1881, a rappelé aux préfets que, d'après la jurisprudence constante de la Cour, le chiffre des recettes ne se déterminait pas d'après les recouvrements effectués, mais sur les droits constatés, déduction faite des réductions et non-valeurs (1).

L'article 529 du décret de 1862 attribue au préfet la mission de déférer un comptable à la Cour des comptes, quand les revenus d'une commune ont dépassé 30,000 francs. Pour cela, il prend un arrêté qu'il doit transmettre avec les trois derniers comptes jugés aux ministres de l'intérieur et des finances, ainsi qu'au procureur général près la Cour des comptes. Sur la réquisition de ce dernier, la Cour prononce l'arrêt attributif de juridiction.

La compétence des deux juridictions financières est restreinte : elle ne s'étend qu'aux comptes de gestion régulière ou irrégulière, et seulement aux comptes de gestion de deniers. De là une double conséquence : d'une part, elles n'ont aucun pouvoir sur le compte administratif du maire chargé d'ordonnancer les dépenses ; d'autre part, elles n'en ont pas davantage sur la personne même du comptable ; si donc leur examen révélait des actes délictueux, elles devront se borner

(1) Cf. Rev. génér. d'administ., 1881. T. II. p. 248.

à en informer le préfet ou le ministre des finances, qui ferait poursuivre leur auteur devant les tribunaux ordinaires. La Cour des comptes et le conseil de préfecture ne jugent que le compte et les obligations pécuniaires qui en dérivent pour le comptable, mais ainsi limitée, leur compétence est pleine et entière. Leurs décisions établiront si les comptables sont quittes, en avance ou en débet : s'ils sont en déficit, ils seront condamnés par elles à en solder le montant avec intérêts à 5 p. 100. Dans les deux autres cas, la Cour, ou le conseil, prononce leur décharge définitive, mais n'a point qualité pour condamner la commune au profit du comptable en avance. Ce droit n'appartient qu'aux tribunaux judiciaires.

Une dernière règle, consacrée par la pratique, relativement à la compétence des deux juridictions dont nous nous occupons, c'est son indivisibilité. En d'autres termes, si une gestion de fait se rapporte à deux périodes de temps pendant lesquelles l'une et l'autre ont été successivement compétentes, au lieu de les saisir à la fois toutes les deux, celle qui jugeait les comptes de la commune, au moment où la gestion de fait a cessé, statuera seule et son jugement fixera à la charge ou à la décharge du comptable occulte un résultat unique et nécessairement indivisible. L'utilité de cette règle n'a pas besoin d'être démontrée : agir autrement, serait risquer de soulever des conflits préjudiciables au bon ordre de la comptabilité communale et aux intérêts du comptable, qui se verrait obligé de fournir plusieurs comptes séparés.

SECTION II

Procédure

I. — *En cas de comptabilité régulière.* — Les comptes de l'exercice clos, c'est-à-dire l'ensemble de toutes les opérations effectuées pendant les douze mois de l'année écoulée et les trois premiers mois de l'année courante, sont adressés à la juridiction compétente.

Ceux qui doivent être jugés par la Cour des Comptes lui sont transmis directement par le comptable avec les pièces à l'appui et les observations que le receveur des finances a jugé bon d'y joindre. Une expédition du compte a dû être transmise par les soins du maire au préfet du département, et si celui-ci juge à propos de faire des observations sur la gestion du receveur, il doit les adresser directement à la Cour des Comptes.

Si le conseil de préfecture doit statuer en premier ressort, le compte est transmis au préfet par les soins du receveur des finances avec ses observations.

Parmi les pièces qu'il doit apporter à l'appui de sa gestion, le receveur municipal doit joindre comme élément de contrôle une expédition du compte administratif du maire.

Devant la Cour des Comptes, il n'y a ni audience publique, ni débat oral, et la même règle a été étendue aux conseils de préfecture, toutes les fois qu'ils remplissent leurs attributions de juridiction financière (1). Ses décisions, en pareille matière, sont rendues par

(1) Art. 6 du décret du 30 décembre 1862, et art. 10 de la loi du 21 juin 1865.

gestion et non pas par exercice ; elles sont notifiées aux receveurs municipaux par l'intermédiaire du receveur des finances de leur arrondissement ; les maires en reçoivent aussi une copie par l'intermédiaire du préfet, ou du receveur des finances s'il s'agit d'un arrêt de la Cour des Comptes.

II. — *En cas de comptabilité occulte.* — Le jugement des comptes suit les mêmes formes dans cette seconde hypothèse que dans la première, seulement il exige une procédure préliminaire ou d'instruction.

Quand une comptabilité occulte est découverte, le préfet ou le sous-préfet dirige une enquête administrative, souvent remise entre les mains du trésorier payeur général ou du receveur particulier ; puis, quand le dossier est en état, il prend un arrêté déférant les faits au conseil de préfecture. Cet arrêté n'est qu'un acte administratif ordinaire, mais introductif d'instance ; il n'est donc pas déclaratif comme le serait une décision judiciaire ou contentieuse, et le maire comptable occulte ne saurait être mis en demeure, en vertu de cet arrêté, de rendre compte, parce qu'il n'appartient qu'à la juridiction saisie d'apprécier si l'action en reddition de compte est fondée.

Cette juridiction, après examen des documents, rendra tantôt une ordonnance de non-lieu, et tantôt un arrêté déclarant comptable de fait l'auteur de la gestion illicite. En même temps, elle lui imposera un délai, ordinairement de deux mois, pour fournir un compte, signé et certifié par lui, des dépenses qu'il a faites, appuyées de pièces justificatives (1). Ce compte

(1) Le conseil de préfecture doit rendre ce premier arrêté dans les

est indispensablle, car le juge ne peut ni l'établir lui-même, ni statuer s'il n'est pas présenté; aussi, quand le comptable occulte refuse de le fournir, il est dressé d'office et à ses ffrais.

Dans tous les cas, le compte est soumis au conseil municipal, qui sse réunira pour en délibérer, et donnera son avis siur le point de savoir si les dépenses faites par le comptable occulte ont un véritable intérêt communal; en elffet, lui seul a autorité pour ouvrir un crédit ou décideır une dépense, et la ratifier si elle a été irrégulièremcent engagée. Le maire, déclaré comptable occulte, dcoit s'abstenir de prendre part à cette délibération, sincon elle serait irrégulière et il faudrait en provoquer uıne nouvelle (art. 52 et 64 de la loi municipale). Si le compte est admis, et la dépense acceptée par le conseil, le préfet devra encore l'approuver (art. 145 § 1 et 68 §9°); il aura aussi le droit d'user des pouvooirs que lui confère l'article 149, et, malgré l'avis conttraire du conseil municipal, d'admettre des dépenses irrégulièrement faites, si elles ont le caractère de dépensses obligatoires. Mais aucune d'elles ne pourra être aıdmise par le juge du compte si elle n'a été préalablement sanctionnée par l'autorité administrative.

Après le délai ıde deux mois, le compte est définitivement jugé. Noıus avons dit déjà que le juge avait le pouvoir de suppléer à l'insuffisance des justifications

formes prescrites en mıatière de comptabılité, par conséquent en séance non publique, conformıément à l'art. 10 de la loi du 21 juin 1865. Il ne s'agit point iai d'une quıestion, contentieuse De Swarte ne paraît pourtant pas admettre cetteı opinion qui sera discutée dans la section suivante. Cf. Conseil d'Etaat, 28 avril 1876. D. P. 76. 3. 82.

par des considérations d'équité, mais s'il rejette les unes et n'admet pas les autres, il prendra un arrêté de debet à l'égard du comptable, en prescrivant le versement dans la caisse municipale de la somme dont il est déclaré reliquataire, avec intérêts à 5 p. 100 au jour de la notification de l'arrêt. Cette notification lui est faite ainsi qu'au receveur municipal, par la voie administrative.

SECTION III

Voies de recours

I. — *Appel*. — Les comptes apurés par la Cour des Comptes le sont définitivement et en dernier ressort, mais ceux jugés par les conseils de préfecture peuvent être portés, par la voie de l'appel, devant la Cour des Comptes. Ce recours est ouvert à tous les intéressés qui ont, pour l'exercer, un délai de trois mois à partir de la notification de l'arrêté. S'il est formé par la commune, la Cour des Comptes décide (Cf. arrêt du 25 juin 1883) qu'il n'est recevable que s'il est introduit par le maire en vertu d'une délibération du conseil municipal ; il ne pourrait émaner directement de quelques-uns de ses membres (1).

En vertu de l'article 535 du décret du 31 mai 1862, l'appel de l'arrêté du conseil de préfecture doit être

---

(1) A moins qu'ils ne l'exercent en qualité de contribuables, à leurs frais et risques, avec l'autorisation du conseil de préfecture, conformément à l'article 123 de la loi municipale.

formé par une requête rédigée en double original : l'un des doubles est remis contre récépissé ou signifié par huissier à la partie adverse; l'autre est adressé à la Cour des Comptes avec l'expédition de l'arrêté. Ces formalités sont prescrites à peine de nullité.

Il est de jurisprudence constante que l'appel d'une décision du conseil de préfecture relative à l'apurement d'un compte n'est pas recevable, s'il est porté devant le Conseil d'Etat, même pour incompétence ou excès de pouvoir (1). Mais en est-il de même quand l'arrêté statue sur l'existence d'une comptabilité de fait? Le Conseil d'Etat a longtemps décidé qu'il pouvait lui être déféré directement. Il s'appuyait sur ce que sa juridiction, en matière d'excès de pouvoir, s'étend à toutes les autorités administratives; or il soutenait que le rôle du conseil de préfecture, dans la matière qui nous occupe, devait être dédoublé, et que, s'il avait bien le caractère de tribunal financier quand il jugeait un compte extra-réglementaire, c'était en qualité d'autorité administrative qu'il recherchait et constatait cette comptabilité de fait. En d'autres termes, le Conseil d'Etat distinguait les erreurs commises sur la nature des deniers et la qualité du comptable de celles commises sur le compte, et il les dénonçait à des juges différents (2).

Ce système aboutissait aux conséquences suivantes : 1º il exposait à des décisions contradictoires, quand l'arrêté était déféré en même temps en appel devant

<hr>

(1) Conseil d'Etat, 21 décembre 1877. D. P. 78. 3. 43. — 4 avril 1884. D. P. 85. 3. 84.

(2) Conseil d'Etat, 15 avril 1857. D. P. 58. 3. 1., 20 mars 1874. D. P. 75. 3. 21.

la Cour des comptes et pour excès de pouvoir devant
le Conseil d'Etat ; 2º il créait une différence inutile et
contraire à la loi entre les communes dont les revenus
excèdent 30,000 francs et les autres, car pour les premières, la Cour des comptes tranchait la question de
savoir s'il y avait eu maniment des deniers communaux.

Depuis 1882, sur les conclusions de M. Le Vavasseur
de Précourt, le Conseil d'Etat est revenu sur sa jurisprudence, et reconnait qu'aucune disposition de loi ou
de décret ne permet de distinguer entre les arrêtés
par lesquels les conseils de préfecture statuent sur
l'existence d'une comptabilité de fait, et ceux par lesquels ils règlent les comptes qui leur sont soumis. Le
conseil de préfecture n'est point en cette matière une
autorité administrative, mais bien un tribunal financier, car ses attributions sont étroitement liées à celles
de la Cour des comptes, dont il est en quelque sorte
une chambre départementale. Du reste, les deux questions soumises à son examen sont absolument connexes, et, du moment que la comptabilité de fait
est soumise par la loi à la même juridiction que la
comptabilité régulière, il faut bien que cette juridiction
puisse en constater l'existence avant d'en apprécier les
éléments. Enfin, le recours pour excès de pouvoir ou
violation de la loi devant le Conseil d'Etat n'est recevable qu'autant qu'il n'existe pas d'autre voie de recours,
or, cette voie de recours, elle existe ici, c'est l'appel
devant la Cour des comptes (1).

Cette jurisprudence a l'avantage d'être simple ; elle
assimile les juridictions financières à toutes les autres

(1) Conseil d'Etat, 19 mai 1882. D. P. 83. 3. 105, et 25 janvier 1884. D. P.
85. 3. 84.

en reconnaissant à la juridiction d'appel le droit exclusif de connaître des décisions de premier ressort et en ne faisant intervenir le Conseil d'Etat, Cour de cassation administrative , qu'après la décision du juge d'appel.

II — *Pourvoi en cassation.* — Ainsi que nous venons de le dire, le Conseil d'Etat joue le rôle d'une Cour de cassation vis-à-vis de la Cour des comptes. Tous les arrêts rendus par elle, pourvu que ce ne soient pas des arrêts provisoires, peuvent lui être déférés, mais seulement pour vice de forme et violation de la loi (art. 17 de la loi du 16 septembre 1807). Ce recours peut-être exercé par la commune, par le comptable, ou encore, dans l'intérêt de la loi, par un des ministres intéressés. Sur ce pourvoi, le Conseil d'Etat ne peut rendre qu'une décision d'annulation et non de réformation. Il ne peut pas évoquer l'affaire, mais il doit en prononcer le renvoi à la Cour des comptes elle-même, où l'affaire est portée devant une des chambres qui ne l'a point connue la première fois. Le délai du pourvoi est de trois mois, à dater de la notification de l'arrêt.

III. — *Pourvoi en révision.* — Les comptables, la commune, les ministres de l'intérieur et des finances peuvent demander, devant les juges mêmes qui ont statué, la révision de leurs arrêts ou arrêtés passés en force de chose jugée. Ce pourvoi n'est admis que pour erreurs, omissions, doubles ou faux emplois, reconnus par la vérification d'autres comptes et à raison de pièces justificatives recouvrées depuis qu'a été rendue la décision. Dans les mêmes cas, la Cour des comptes, sur la réquisition du procureur général, et le conseil de préfecture, sur celle du préfet, pourraient procéder d'office à la révision de leurs propres arrêts et arrêtés, devenus définitifs faute de. recours exercé (art. 540 et 541 du décret du 31 mai 1862).

Le pourvoi en révision n'est soumis qu'à la prescription de trente ans. Il se notifie à la partie adverse de la même manière que l'appel devant la Cour des comptes, et comme lui aussi il donne lieu à deux décisions, l'une sur l'admission de la demande, l'autre sur le fond.

L'arrêté du conseil de préfecture rejetant la demande en révision est susceptible d'appel devant la Cour des comptes, et l'arrêt de cette dernière, du recours devant le Conseil d'Etat pour violation de la loi ou des formes.

Enfin, il y a une règle commune à toutes ces voies de recours, ouvertes par la loi contre les décisions des tribunaux financiers, c'est qu'aucune d'entre elles n'a d'effet suspensif ; les arrêts et les arrêtés définitifs sont exécutoires après la notification ; mais ils peuvent toutefois accorder un sursis.

POSITIONS

POSITIONS

prises dans la thèse de Droit Romain

I. — Il est impossible de dire qu'elle est l'origine du principe de la non-représentation en Droit Romain.

II. — Les biens du domaine privé des municipes n'ont jamais été frappés d'inaliénabilité.

III. — Le droit de recueillir toute succession testamentaire ne fut reconnu aux cités romaines que par l'empereur Léon.

IV. — Les donations faites aux cités échappaient à l'application de la loi *Cincia*.

V. — Les cités, ou, d'une manière plus générale, les personnes morales, ne furent point susceptibles de responsabilité pénale.

VI. — Les cités ont toujours pu se faire représenter en justice.

POSITIONS

prises dans la thèse de Droit Français

I. — Dans l'exercice de son pouvoir de police, le maire engagerait la responsabilité de la commune en portant atteinte aux droits des tiers.

II. — L'action en responsabilité dirigée contre une commune à raison des fautes commises par ses agents est et doit être de la compétence judiciaire.

III. — Relativement à la révocation des employés municipaux, et à la responsabilité qui en découle, la commune est soumise aux règles ordinaires du louage de services.

IV. — La commune est responsable des dégâts causés par un attroupement ou une émeute dont le but est de renverser le gouvernement.

V. — La commune est tenue de réparer les dégâts causés par la répression de l'émeute.

VI. — La commune ne pourrait pas invoquer la provocation de la personne lésée par les crimes et délits, commis par les attroupements, pour échapper à la responsabilité qui lui incombe.

VII. — La responsabilité de la commune s'étend même au cas où le préfet a substitué son action à celle du maire.

VIII. — Les contribuables n'ont de leur chef aucun recours contre les auteurs des crimes et délits commis par les attroupements.

IX. — Les officiers de police judiciaire peuvent invoquer la prise à partie.

X. — L'abrogation de l'article 75 de la Constitution de l'an VIII n'a pas eu pour conséquence de rendre les tribunaux judiciaires compétents pour apprécier les actes administratifs du maire ou de ses adjoints.

XI. — Le principe de la séparation des autorités ne fait pas obstacle à la compétence des tribunaux judiciaires relativement aux délits commis par l'autorité municipale.

XII. — L'arrêté du conseil de préfecture qui statue sur l'existence d'une comptabilité occulte ne peut être déféré directement au Conseil d'Etat.

<hr>

POSITIONS

prises hors de la thèse

DROIT ROMAIN

I. — Les Plébéiens furent toujours exclus des comices par curies.

II. — L'accession n'est pas un mode d'acquérir la propriété en Droit Romain.

III. — La *litis contestatio* laisse subsister une obligation naturelle.

IV. — Le cessionnaire d'une créance ne peut pas invoquer les privilèges personnels du cédant.

DROIT CIVIL

I. — L'étranger qui n'a pas demandé l'autorisation de fixer son domicile en France peut y acquérir un domicile de droit.

II. — En dehors des cas où il y a lieu de faire application de la loi du 24 juillet 1889, les tribunaux n'ont pas le pouvoir de dessaisir le père de son droit de garde sur la personne de ses enfants.

III. — La constitution du mandat peut être faite tacitement.

IV. — Le droit de rétention peut être invoqué par tout détenteur, qui se trouve créancier à l'occasion de la chose dont la restitution est réclamée.

V. — Les tribunaux français sont compétents pour prononcer le divorce entre deux époux étrangers, quand il est admis par leur loi nationale.

PROCÉDURE CIVILE

L'adjudication sur surenchère du dixième, dans la purge, n'opère pas une résolution rétroactive des droits du tiers détenteur.

DROIT COMMERCIAL

Les agents d'affaires étant des commerçants, doivent être inscrits sur les listes électorales consulaires.

DROIT ADMINISTRATIF

En matière de travaux publics, si des dommages ont été causés, et que ces dommages constituent des infractions punies par la loi, la partie lésée peut exercer l'action en réparation civile devant l'autorité judiciaire, même si les faits n'ont point donné lieu à une poursuite correctionnelle.

DROIT PÉNAL

La tentative d'avortement par les médecins, chirurgiens, officiers de santé est punissable.

DROIT CONSTITUTIONNEL

Le Sénat peut ajouter au budget des crédits ou rétablir ceux que la Chambre a rejetés.

Vu par le Président de la thèse.
TH. DUCROCQ.

Vu par le Doyen,
COLMET DE SANTERRE.

Vu et permis d'imprimer :
Le Vice-Recteur de l'Académie de Paris.
GRÉARD.

TABLE DES MATIÈRES

THÈSE DE DROIT ROMAIN

De la personnalité des Cités romaines

Pages.

INTRODUCTION 3

CHAPITRE I. — Représentation des municipes. 11

CHAPITRE II. — Administration des municipes. 22

    § 1. — Magistrats municipaux...... 22

    § 2. — Responsabilité des magistrats. 27

    § 3. — Garanties données aux municipes contre leurs magistrats. 30

CHAPITRE III. — Droits réels des municipes... 36

CHAPITRE IV. — Modes d'acquérir des municipes................... 47

    § 1. — Modes d'acquérir à titre particulier................ 48

    § 2. — Modes d'acquérir à titre universel................. 51

    § 3. — Legs et fideicommis........ 55

CHAPITRE V. — Droits personnels des municipes................... 60

    § 1. — Contrats et quasi-contrats... 61

    § 2. — Pollicitations.............. 67

    § 3. — Délits et quasi-délits........ 72

CHAPITRE VI. — Actions des municipes....... 79

THÈSE DE DROIT FRANÇAIS

De la responsabilité des communes et de celle des fonctionnaires municipaux

PREMIÈRE PARTIE

Pages.

Responsabilité des communes...................... 91

INTRODUCTION........................... 91

TITRE I. — Responsabilité de droit commun. 95

    SECTION I. — Préposés de la commune.... 101

    SECTION II. — Etendue de la responsabilité . 115

    SECTION III. — Compétence............... 118

    SECTION IV. — Révocation des employés municipaux................ 122

TITRE II. — Responsabilité en cas de dégâts et de dommages causés par des attroupements armés ou non-armés...................... 131

CHAPITRE I. — Des cas dans lesquels la commune est responsable...... 140

CHAPITRE II. — Des cas dans lesquels la commune cesse d'être responsable................... 156

CHAPITRE III. — De l'action en responsabilité.. 172

    SECTION I. — Par qui peut-elle être exercée. 172

    SECTION II. — Contre qui peut elle être exercée.................... 174

    SECTION III. — Compétence. — Procédure. — Voies d'exécution. — Prescription................... 177

Pages.

Section iv. — Nature et étendue des dommages-intérêts   186

CHAPITRE IV. — Répartition des dommages-intérêts.. — Voies de recours.   189

Section i. — Répartition des dommages-intérêts   189

Section ii. — Voies de recours des communes
contre les auteurs des crimes
et délits   192

TITRE III. — Des autres applications spéciales
de la responsabilité des com-
munes.   195

DEUXIÈME PARTIE

Responsabilité des fonctionnaires municipaux.   203

INTRODUCTION   203

TITRE I. — Responsabilité des officiers de
police judiciaire et des officiers
de l'état- civil de la commune.   210

CHAPITRE I. — Responsabilité des officiers de
l'état-civil.   210

Section i. — Responsabilité civile.   212

Section ii. — Responsabilité pénale.   215

§ i. — Contraventions prévues par le
Code civil.   215

§ 2. — Délits prévus par le Code pénal.   218

§ 3. — Procédure et prescription. . . .   220

Appendice : Responsabilité de l'officier de
l'état-civil vis-à-vis de l'administration de l'enregistrement.   221

Pages.

CHAPITRE   II. — Responsabilité des officiers de
police judiciaire..........   224

TITRE II. — Responsabilité des administrateurs
de la commune..............   230

CHAPITRE   I. — Principe de cette responsabilité.   230

CHAPITRE   II. — Actes administratifs............   236

CHAPITRE III. — Actes de gestion.............   244

CHAPITRE   IV. — Actes délictueux   248

TITRE III. — Responsabilité des comptables
municipaux................   254

CHAPITRE   I. — Responsabilité du receveur municipal   256

CHAPITRE   II. — Responsabilité du maire en
qualité de comptable occulte.   262

CHAPITRE III. — Compétence. — Procédure. —
Voies de recours   268

Section   i. — Compétence...............   268

Section ii. — Procédure.................   271

Section iii. — Voies de recours   274

POSITIONS.............................   279